el libro de los
NOMBRES *de* NIÑO

el libro de los
NOMBRES *de* NIÑO

Conoce todos los nombres
que puedes escoger para tu hijo

JOSEP MARIA ALBAIGÈS

El libro de los nombres de niño
Autor: Josep Maria Albaigès
Coordinador: Pedro Gómez Carrizo
Dirección de arte: Monique Smit
Diseño de la cubierta: Lluc Julià
Ilustración de la cubierta: Sebastià Serra
Maquetación y montaje: ABCdisseny
Fotomecánica: Lozano Faisano, S.L.

© del texto: Josep Maria Albaigès, 2000
© de la presente edición, RBA Libros, S.A., 2000
Pérez Galdós, 36 – 08012 Barcelona
www.rbalibros.com
rba-libros@rba.es

Cuarta edición: octubre 2004

Ref.: LPE-2
ISBN: 84-7901-524-1
Dep. Legal: B. 42.782 - 2004
Impreso por Novagràfik (Montcada i Reixac)

Dice la Biblia que el hombre puso nombre a todos los seres vivos. Ésta fue, en efecto, la primera tarea de Adán, recién estrenado el Edén, realizada antes incluso de tener a Eva como pareja. Con tales antecedentes, el lector advertirá que el asunto que se trae entre manos —nada menos que dar nombre a una nueva persona— tiene su miga: hay quien piensa que esta «segunda creación», por haber sido encargada al ser humano, es más importante que la primera, que se nos escapa de puro divina.

Poetas, místicos y filósofos le han dado vueltas al asunto desde el principio de los tiempos. Ya los egipcios otorgaron al nombre propio la categoría de reflejo del alma humana, y esa afinidad entre nombre y personalidad —¿y personalidad no es destino?— fue lo que condujo a los nombres descriptivos. Por azar o necesidad, otras culturas llegaron a igual conclusión. Centrados en nuestra tradición, tanto el patricio romano, como el guerrero visigodo o el artesano árabe que tuvieron que elegir un nombre para su bebé, lo hicieron pensando en el significado que encierra cada antropónimo y en las virtudes y cualidades que deseaban transmitir. Vaya, como quien lega una herencia.

Exageraciones aparte, creamos o no en un vago poder mágico de las palabras, de lo que no cabe duda es de la importancia de esta acción de tejas abajo, o sea, de su relevancia práctica: el nombre es muy nuestro, nos identifica y es la tarjeta de visita que nos presenta ante el mundo. Además, es de las pocas cosas que nos acompaña toda la vida, así que conviene que nuestra elección sea cuidada: la persona «recién nombrada» deberá sentirse a gusto con él, pues de otro modo... ¡tendrá toda una vida para reprochárnoslo!

Llegados a este punto conviene hacer una aclaración, tan obvia como ineludible: los nombres proceden de la antigüedad, recogen una rica tradición cultural, espiritual e histórica, y encierran un significado, que es un mensaje o una esperanza transmitida de padres a hijos; pero por encima de todo, es cada nueva persona, con su paso por la vida, quien carga de nuevo sentido a ese mismo nombre y quien lo convierte en un identificador irrepetible.

Junto al origen y significado, principal aspecto del estudio etimológico —un pozo de curiosidades y en cierto modo también un breve compendio de la historia de la civilización—, en cada una de las entradas de esta obra se registran algunas variantes del nombre: equivalentes semánticos y derivados; variantes filológicas y ortográficas; formas del nombre en otras lenguas, españolas y europeas, si difieren de la castellana; así como los hipocorísticos —es decir, las variantes afectivas y familiares— más habituales. Figura como entrada única la forma más común, pero en los casos en que el hipocorístico ha alcanzado entidad propia, o cuando se han borrado las fronteras que hacen percibir una variante extranjera como tal, entonces hemos procurado dar una entrada independiente para cada una de las formas.

También se consigna el día del santo, si existe, pues muchos nombres son adéspotas, es decir, carecen de santo patrón. Hemos tratado de elegir la onomástica más común, o la que se identifica con el santo más relevante, pero es frecuente que existan otras, igualmente válidas. Hoy día, por otra parte, cualquier combinación de letras es válida para componer un nombre. En los casos en que se opta por un nombre sin onomástica, lo habitual es asimilarlo, por semejanza fonética o semántica, a otro que sí la tenga: así el niño o la niña no se quedan sin fiesta.

Para la selección de los nombres hemos tratado de armonizar tradición y originalidad, puliendo las tendencias onomásticas extremas, es decir, descartando los demasiado tradicionales, si son nombres que pese a su rancio abolengo olvidan requisitos como la eufonía, y los demasiado novedosos, si su exotismo cae en lo ridículo o si su actualidad se percibe excesivamente coyuntural. Sí hemos querido atender las tendencias actuales, recogiendo nombres de otras tradiciones onomásticas o incorporando los que han sido puestos de moda por los personajes más famosos del momento. Al respecto hay que tener en cuenta que, llegado el momento de la elección, la eufonía —que suene bien— y la connotación —que lo haya puesto de moda algún personaje con carisma— cuentan tanto como la etimología. Por ello hemos enriquecido este diccionario con algunos nombres de portadores de estos antropónimos, más o menos ilustres, porque los caminos de la decisión de nombre son a menudo inescrutables.

Os deseamos una feliz elección.

Abreviaturas

a.C.	antes de Cristo	*húng.*	húngaro
al.	alemán	*ing.*	inglés
ast.	asturiano	*it.*	italiano
cat.	catalán	*neer.*	neerlandés
cf.	compárese	*nor.*	noruego
d.C.	después de Cristo	*On.*	onomástica
eus.	eusquera	*port.*	portugués
fr.	francés	*s.*	siglo
gall.	gallego	*scc.*	se celebra como
hip.	hipocorístico	*S/on.*	sin onomástica
hips.	hipocorísticos	*v.*	véase

A

Aarón *On. 1-7*
Nombre hebreo, aunque de probable origen egipcio. Se han propuesto multitud de significados: 'luz', 'iluminado', 'montañés', 'alto', 'instructor'. Casan estas interpretaciones con Aarón, hermano de Moisés, al que relevó en la tarea de conducir al pueblo de Israel hacia la Tierra Prometida.
Aaron Spelling, productor de televisión estadounidense (1928).

Abamón *On. 21-7*
Nombre de origen mixto, hebreo y egipcio. Significa 'servidor de Dios', referido al Dios de Egipto Amón.

Abdalá *On. 16-9*
Nombre árabe, que significa 'Servidor de Alá': de *abd,* 'siervo, esclavo', y *Allah*, hipóstasis de *ahl*, 'lo alto', 'la divinidad'.
Variantes: Abdallah, Abdullah. Forma hispanizada: Obdulio.
Muhammad Abu Abd Allah, llamado Boabdil el Chico, último rey nazarí de Granada.

Abbás *S/on.*
Nombre árabe. Compara la fortaleza y la bravura de su portador con los de un león, animal que simboliza, además, el poder y la justicia.

Abdías *On. 9-4*
Nombre de origen hebreo, *Obad-Yah,* 'servidor de Yah', es decir, de Yahvé. La partícula *-iah* es teófora, alude a Dios indirectamente.

Abdiel *On. 19-11*
Nombre de origen hebreo, 'Servidor de Dios'. La partícula -*El* es teófora, como -*iah* en el caso de Abdías.

Abdir *S/on.*
Nombre de origen hebraico. Significa 'poderoso', sin alusión divina.

Abdón *On. 30-7*
Nombre del inseparable compañero de Senén, aunque está documentado ya en un juez de Israel. Del hebreo y árabe *abd*, 'siervo (de Dios)'. Su hipocorístico catalán es Non: *sant Nin i sant Non*, san Senén y san Abdón, son santos muy populares en Barcelona.
Abdó Terradas, político republicano español (1812-1856).

Abel *On. 28-12*
Puede proceder del hebreo *hevel*, 'fugacidad', 'vanidad', aunque otros lo estiman del asirio *habel*, 'hijo'. Se llamó así el segundo vástago de Adán y Eva, asesinado por su hermano Caín. En la Edad Media, uno de sus portadores más significativos fue, paradójicamente, un rey de Dinamarca «cainita», que asesinó a su hermano Eric II para arrebatarle la corona.
Abel Bonnard, escritor y periodista francés (1883-1968). Abel Gance, escenógrafo francés (1889-1981). Abel Antón Rodrigo, atleta español, campeón de maratón (1962).

Abelardo *On. 9-2*
Adaptación medieval de Abel, mediante el sufijo germánico *hard*, que significa 'fuerte, duro'. Como fuerte en su determinación fue el monje y filósofo francés Pedro Abelardo (1079-1142), trágico amante de Eloísa. Variantes: *cat. fr.* Abelard; *gall.* Abelardo; *it.* Averardo.

Abilio *On. 22-2*
Del adjetivo latino *habilis*, 'experto, hábil'. Con él se pretende destacar la buena disposición para las distintas artes y técnicas de su portador.

Abraham *On. 9-10*
Según el Génesis, el primer patriarca en abandonar Ur para instalarse en Palestina se llamaba *Abrah* o *Abram*, 'padre excelso', cambiado posteriormente por Yahvé en *Ab-hamon*, 'padre de multitudes', tras el sacrificio, rehusado, de su hijo Isaac. De Abraham descienden las principales religiones monoteístas: de su primer hijo, Ismael, los árabes (*ismaelitas*); de su segundo, Isaac, los israelitas, y a través de éstos, los cristianos.
Variantes: *ing.* Abe (hip.); *neer.* Bram; *árabe,* Ibrahim.
Abraham Lincoln, presidente de Estados Unidos (1809-1865). **Bram Stoker**, escritor irlandés (1847-1912). **Abraham Noam Chomsky**, lingüista estadounidense (1928). **Abraham Olano**, ciclista español (1970).

Abril *S/on.*
Era costumbre de los antiguos romanos asignar como nombre a un recién nacido el del mes en curso. Uno de los más populares era el segundo del antiguo año romano, Abril, por el significado de *aprire,* 'abrir', referido al inicio del buen tiempo con la llegada de la primavera.

Absalón *On. 1-3*
Nombre bíblico, que tiene su origen en el hebreo *ab-scialom*, 'paz de Dios'. Otros lo interpretan como 'el Padre es paz y prosperidad'.
Variantes: Axel (por influencia nórdica); *cat.* Absaló, Absalom.
Absalón, hijo de David, muerto al rebelarse contra su padre. **Absalón**, arzobispo de Lund, Dinamarca, reformador religioso del siglo XII.

Abundio *On. 27-2*
De las palabras latinas *ab-undo*, 'fuera de onda', o sea, 'que se desparrama', surgió el nombre *Abundus*, 'pletórico', 'abundante', usado sobre todo por los primeros cristianos para referirse al estado de gracia.

Acacio *On. 9-4*
En griego, *kakós* es 'malo, ruin' (recordemos el célebre malhechor Caco). Con la partícula privativa *a-* se forma *a-kakós*, 'no malo', o sea, 'bueno'. Sobrenombre de Hermes, en la mitología griega, perenne benefactor de la humanidad, equivalente al dios Mercurio romano.

Acilino *On. 17-7*
Nombre de origen griego, *Akilinos,* 'agudo', posterior evolución del latín *Aquilinus,* que derivó también en el nombre Aquilino.

Acisclo *On. 17-11*
La antigua raíz indoeuropea *ak,* 'punta' dio en latín *ascia,* 'hacha', 'azada'. Su diminutivo *acisculus,* 'pico de picapedrero', designaba al cantero. Variante por concurrencia: Acis. Hipocorístico catalán: Iscle.
Acis, pastor mitológico siciliano, rival de Polifemo en el amor de la ninfa Galatea.

Adahi *S/on.*
Nombre de la tribu india cheroqui. Por su significado 'del bosque', es equivalente a los occidentales Silvio o Silvano.

Adair *S/on.*
Nombre de origen celta; junto con su variante Adail, es de mucha aceptación en los países de lengua portuguesa. Significa 'lugar de caballos'.

Adalbergo *On. 9-12*
Uno de los más característicos nombres germánicos, formado con la raíz *athal*, 'noble', con el sufijo *-berg*, 'protección' (cf. albergue). Para otros, sería simple derivación de *heriberg*, 'albergue'.

Adalberto *On. 22-4*
Nombre germánico, compuesto de *athal*, 'noble', y *berht*, 'brillante, famoso', significa 'famoso por la nobleza'.
Derivados: Adelberto, Alaberto, Aldaberto, Auberto, Edelberto, Oberto.
Adalbert von Chamisso, escritor romántico alemán (1781-1828).

Adalgiso *S/on.*
De las voces germánicas *athal-gisil*, 'noble por la lanza' (cf. Adelardo y Gisleno). Es un nombre corriente en Italia.
Variantes: *cat.* Adalgís; *it.* Adelchi, Algiso.
Algiso, rey longobardo, rival de Carlomagno (s. VIII).

Adán *On. 16-5*
Valiente, viril y de espíritu emprendedor, pero con debilidades humanas. Del hebreo *adam,* 'nacido de la tierra', por estar hecho de barro, relacionado con el color de la arcilla: *adamah*, 'rojo'. Nombre del primer ser humano, según el Génesis, por lo cual es a veces sinónimo de 'hombre'.
Variantes: *cat. fr.* Adam; *gall.* Adán; *it.* Adamo; *port.* Adâo.
Adam Smith, economista británico, padre del liberalismo económico (1723-1790).

Adaya *S/on.*
Nombre bíblico; procede de *ada-ahu*, que significa 'adorno de Yahvé'. Aunque es masculino, por concordancia suele ser usado como femenino.

Adelardo *On.* 2-1
Procede del germánico *athal-hard*, que significa 'noble y fuerte'.
Variantes: Adalaro, Adalhardo, Alardo; *cat.* Adelard; *gall.* Adelardo.
Adélard de Bath, benedictino inglés, pionero del Renacimiento del siglo XII (1070-1150).

Adelfo *On.* 29-8
Nombre de origen griego: *a-delphos*, literalmente, 'sin matriz', es decir, 'hermano' (*delphís*, 'matriz'). La misma raíz está presente en otros nombres como Diadelfo, Filadelfo.

Adelino *On.* 3-2
De la forma *Adelinus*, gentilicio de Adela. O directamente de la forma germánica *athal-win*, 'afín, amigo', 'de estirpe noble'.
Variantes: Adalvino, Adelvino, Etelvino, Ethelvino, Alino.

Adelio *On.* 8-9
Entre la familia de compuestos germánicos formados alrededor de *ald*, 'viejo', 'caudillo' (cf. el inglés *old* y el alemán *alt*), figura *athal*, 'noble'.
Variantes: Adelaido, Adelino, Adilo, Edel, Edelio.

Adelmaro *On.* 24-3
Nombre de origen germánico, *Adelmar,* que significa 'famoso por la nobleza de su estirpe' (de *adal*, 'estirpe noble', y *mers,* 'ilustre, brillante').
Variantes: Edelmiro, Adalmiro, Dalmiro; *cat.* Adelmar.

Adelmo *On.* 25-5
Nombre de origen anglosajón, *Ealdhelm,* que significa 'yelmo antiguo' o 'yelmo grande' (de *eald,* 'viejo', y *helm,* 'yelmo').

Ademaro *On. 29-5*
Nombre germánico, *Hadumar,* 'ilustre por sus luchas', por *hathu,* 'combate', y *mers,* 'famoso'. Tal vez sea una deformación de Adelmaro.

Adeodato *On. 19-6*
Nombre latino, procede de la fórmula natalicia de buen augurio *a Deo datus,* que significa 'dado por Dios'.
Variante: Deodato. Sinónimos: Teodoro, Doroteo, Teodosio, Natanael.

Adib *S/on.*
Nombre árabe, que significa 'educado, instruido'. Durante varios siglos, gran parte del saber llegó a Europa procedente del Oriente islámico.

Adil *S/on.*
Nombre muy apreciado en los países árabes por las virtudes que pregona con respecto a su portador: justicia, probidad y rectitud.

Adolfo *On. 11-2*
Del teutón *athal,* 'noble', y *wulf,* 'lobo', animal sagrado que en la mitología se interpreta figuradamente como 'guerrero'. Una traducción libre nos da 'guerrero de noble estirpe', por alusión al carácter bélico del lobo.
Derivados: Ataúlfo, Adulfo, Fito (hip.); *fr.* Adolphe; *ing.* Adolphus.
Adolfo Bioy Casares, escritor argentino (1914-1999), premio Cervantes en 1990. Adolfo Marsillach, actor, autor y director de cine y teatro español (1928). Adolfo Suárez González, político español, primer presidente democrático tras la dictadura (1932).

Adonías *S/on.*
Nombre bíblico. Es uno de los sagrados nombres de Yahvé.

Adonis *On. 16-12*
De raíz semítica *ado*, 'señor', análoga a *atta* o la germánica *athal*. Su sentido le viene, sobre todo, por alusión al joven y bello Adonis, dios semita adoptado por el panteón grecorromano, con mito similar al de Orfeo.

Adrián *On. 8-9*
Del gentilicio *Adrianus*, 'de la ciudad Adria', puerto del mar Adriático en tiempos del Imperio romano. El topónimo procede, a su vez, del latín *ater*, 'sombrío, negro como el carbón'. Por tener el patronazgo de san Adrián, hijo del césar Probo y oficial romano, modelo de entereza, que adoptó la fe de los cristianos a quienes perseguía y murió por ella hacia el 306, y del gran emperador Adriano (76-138), este nombre parece ofrecer a quienes lo llevan la grandeza de ánimo y el buen gobierno.
Variantes: Adriano, Adrión, Hadrián; *cat.* Adrià; *gall.* Adrán, Adrao.
Adriano del Valle, poeta vanguardista español (1895-1957). Adrià Gual, autor dramático, pintor y pedagogo español (1872-1943). Adriano Celentano, actor y cantante italiano.

Adriel *S/on.*
Nombre hebreo; significa 'rebaño de Dios', con él se expresa la condición del portador como miembro de la congregación divina.

Agapito *On. 16-3*
A partir del verbo griego *agapáo*, 'amar', se forma el participio *agapitós*, 'amable' o 'amado'. *Agapé* designaría más tarde la 'caridad', el amor fraterno que unía a las primeras comunidades cristianas. Tal virtud parece contagiarse a sus portadores, a juzgar por el ejemplo de su patrón san Agapito, obispo de Ravena muerto en 340, llamado el padre de los pobres por la caridad infinita que les prodigaba.

Agatón   *On. 10-1*
Procede del griego *agathós*, 'bueno'. El nombre parece incitar a quien lo lleva al ejercicio de la bondad. Un buen ejemplo es su santo patrón, Agatón Taumaturgo, monje lego del siglo VII que fue elevado a la dignidad de Papa por su carisma y su talante bondoso.

Agenor   *S/on.*
Nombre griego, muy presente en la mitología. De *agan-aner*, que significa 'muy hombre', 'muy viril'. Como espoleado por su nombre, Agenero, personaje de *La Ilíada*, fue rival nada menos que del héroe Aquiles.

Ageo   *On. 4-1*
Nombre bíblico, portado por un profeta menor. De *haggay*, 'nacido en día festivo'. En la Edad Media concurrió con la raíz germánica *ags*, que significa 'espada' y se halla en multitud de nombres.

Agripa   *On. 23-6*
Nombre de origen romano. *Agrippa* significa, según Plino, 'el que nace con los pies hacia fuera', o sea 'nacido de parto difícil, con dolor de la madre' (en avéstico, *agro*, 'primero', y en latín, *pes*, 'pie'). Como gentilicio de este nombre surge *Agrippinus*, Agripino.

Aguinaldo   *S/on.*
Del germánico *agin-wald*, 'el que gobierna por la espada' (v. Ageo y Waldo). Casi desaparecido como nombre, es común hoy en Filipinas por el apellido de uno de sus «padres de la patria».
Variante: Aguilando.
Francisco Aguinaldo, caudillo filipino en la lucha por la Independencia (1869-1964).

Agustín *On. 28-8*
Gentilicio latino, significa 'de la casa de Augusto', en alusión a la nobleza de su portador, pues deriva de *Augustus,* 'consagrado por los augures', uno de los nombres más ilustres en Roma, expresivo de la dignidad
imperial tras ser llevado por Octavio Augusto, primer emperador romano. El antropónimo consolidó su importancia en el siglo v gracias a san
Agustín de Hipona, padre de la Iglesia, cuyo prestigio ha impregnado el
nombre de una alta espiritualidad y una gran calidad humana.
Variantes: Tin (hip.); *gall.* Agostiño; *cat.* Agustí; *eus.* Augustin, Austin;
fr. Augustin; *ing.* Austin, Austen; *al.* Augustin; *it.* Agostino.
Agustí Calvet, periodista y escritor español en lengua catalana (1887-1964). **Agustín Lara**,
cantautor mexicano (1897-1970). **Agustín García Calvo**, intelectual y poeta español (1926).

Ahmed *S/on.*
Del árabe *zahmed*, 'loable', 'el más alabado', título aplicado a Mahoma
y extendido posteriormente a importantes personalidades.
Variantes: Ahmet, Ahmad, Jamed, Jamad.
Ahmed Ben Bella, político argelino (1916).

Aitor *On. 22-5*
En 1845 Agustín Chao publicó en la revista *Ariel* una leyenda donde el
bardo Lara cantaba las glorias de Aitor, 'el primer nacido entre los éuscaros'. Se inspiró en la voz vasca *aita*, 'padre', y en ecos del germánico *at-hal*, 'noble'. Pese a su creación reciente, es muy popular en el País Vasco.

Akemi *S/on.*
Nombre japonés, que significa 'luz del amanecer', en alusión al brote
de vitalidad que debe caracterizar a quienes lo llevan.

Akira *S/on.*
Nombre de varón, a pesar de su terminación, de origen japonés. Significa 'inteligente', 'listo'. De reciente popularidad en los países occidentales.

Aksel *S/on.*
Aunque de origen hebreo, este nombre nos llega a través de la onomástica noruega, con el significado de 'padre de la paz'.

Alán *On. 8-9*
Nombre germánico, gentilicio de los pertenecientes a una tribu bárbara, procedente quizá del gaélico *alun*, 'armonía', 'gracia', 'hermosura'. Variante: Alano; *cat.* Alà; *fr.* Alain; *ing.* Alan.
Alain Resnais, director de cine francés (1922). Alain Delon, actor y productor de cine francés (1935). Alain Prost, piloto francés de Fórmula 1 (1955).

Albano *On. 22-6*
Nombre de origen latino, *Albanus,* gentilicio de Alba, nombre de distintas ciudades latinas, entre ellas Alba Longa, nombre de la antigua Roma. Puede proceder de *albus,* 'blanco'.
Alban Berg, compositor expresionista austríaco (1885-1935).

Alberico *On. 26-1*
Nombre germánico, de significado discutido: quizá de *athal-bera*, 'oso noble', aunque parece más probable que el primer componente sea *alb*, variante de *elf*, 'elfo, duende de los bosques', por su color blanquecino. Variantes: *cat.* Alberic; *fr.* Albéric; *ing.* Aubrey; *it.* Alberico. En árabe, *alberic*, 'frondoso', es un topónimo corriente. Derivado: Oberón.
Albéric Magnard, compositor francés (1865-1914).

Alberto *On. 15-11*
Nombre germánico, variante de *Athal-berht,* con el significado de 'ilustre', 'resplandeciente por la nobleza', es más popular que Adalberto, su forma primitiva. Tal vez proceda directamente de *All-berht,* 'totalmente noble'. Su onomástica celebra la fiesta de san Alberto Magno, filósofo y mago, considerado el hombre más sabio del siglo XIII.
Variantes: *cat. fr. ing. al.* Albert; *gall.* Alberte; *al.* Albrecht; *it.* Alberto.
Albert Einstein, físico alemán (1879-1955). **Alberto Moravia** (Alberto Pincherle), escritor italiano (1907-1990). **Albert Camus,** escritor francés (1913-1960). **Albert Boadella i Oncins,** hombre de teatro español (1943). **Alberto Tomba,** esquiador italiano (1966).

Alceo *S/on.*
Nombre de la mitología griega. Del griego *alké,* que significa 'fuerza', como confirmó Alceo, sobrenombre de Hércules, símbolo del vigor.

Alcides *S/on.*
Nombre romano, que significa 'descendiente de Alceo', es decir, de Hércules, así llamado por su gran fuerza (en griego, *alké,* v. Alceo).
Alcide de Gasperi, político italiano (1881-1954).

Alcuino *On. 19-5*
Del germánico *alk-win,* 'amigo del templo'; por *ahls,* 'lugar cerrado', 'templo', y *win,* 'amigo' y latinizado en *Alcuinus.*

Aldemar *On. 24-3*
Aunque suele ser considerado como una transliteración de Adelmaro (*athal-maru,* 'insigne y noble'), podría ser también un nombre con entidad propia, del germánico *ald-maru,* 'caudillo insigne'.

Aldo   *On. 10-1*
Hipocorístico de muchos nombres germánicos cuyo primer elemento
es *ald,* 'crecido, viejo, mayor', donde se encuentra la raíz indoeuropea
al-, que significa 'crecer, alimentar' y se halla tanto en el latín *altus,* 'alto', como en el inglés *old* y en el alemán *alt,* 'viejo'. Como nombre
con entidad propia, significa, por analogía, 'veterano', 'caudillo'.
Aldous Huxley, escritor británico (1894-1963). **Aldo Manuzio,** *el Viejo,* humanista y
editor italiano (1449-1515). **Aldo Moro,** político italiano (1916-1978). **Aldo Rossi,** arquitecto italiano (1931-1997).

Alejandro   *On. 18-3*
Es fruto de la unión de los términos griegos *alexios,* 'apartar, rechazar', y *andros,* 'hombre', y significa 'el que rechaza al hombre', en el sentido de lide-
rar la defensa contra el adversario. Evoca la capacidad de lucha, impresa en
el nombre por el ejemplo de su patrón, san Alejandro, obispo de Capadocia
y Jerusalén, que a finales del siglo II se esforzó por hacer avanzar las cien-
cias, las artes y las letras, y del caudillo macedonio Alejandro Magno, creador en el siglo IV a.C. de uno de los mayores imperios de la historia.
Derivados: Alejo, Alexis, Sandro (hip.). Variantes: *cat. fr. ing. al. gall.*
Alexandre; *eus.* Alesander; *it.* Alessandro; *gaélico,* Alastair, Alister;
húng. Sándor; *ruso,* Aleksander (hip. Sasha).
Aleksandr Pushkin, poeta ruso (1799-1837). **Alessandro Manzoni,** escritor italiano
(1785-1873). **Alexander Fleming,** bacteriólogo británico, descubridor de la penicilina
(1881-1955). **Alejandro Sanz** (Alejandro Sánchez Pizarro), cantante español (1968).

Alejo   *On. 17-7*
Procede, como Alejandro y varios nombres más, del griego *aléxios,*
que significa 'protector'. El nombre proclama la férrea voluntad de

quien lo lleva, a imagen de san Alejo (1293-1378), uno de los patrones de Rusia, que protegió la supremacía de Moscú frente a las casa rivales, y de Alexis Mijálovich (1629-1676), uno de los zares más grandes de la historia. En su variante Alexis es muy corriente en Rusia.

Variantes: *cat.* Aleix; *gall.* Aleixo; *it.* Alessio; *ruso,* Alexis.

Alexis Carrel, cirujano y psicólogo francés (1873-1944). **Alejo Carpentier,** escritor cubano (1904-1980). **Aleix Vidal-Quadras Roca,** político conservador español (1945).

Álex *On. 12-2*

Forma derivada de Alejo (por tanto también de Alexis, forma rusa), nombre de un santo virgen en el matrimonio, y a su vez de Alejandro. Como éste, procede directamente del griego *a-lexios,* 'defensor'.

Álex de la Iglesia, cineasta español (1965). **Àlex Crivillé,** piloto de motocicletas español, campeón mundial en 500 cc (1970). **Àlex Corretja,** jugador de tenis español (1974).

Alfonso *On. 1-8*

Del godo *Altfuns,* compuesto de *all,* 'todo'; *hathus, hilds,* 'lucha', y *funs,* 'preparado', significa 'guerrero totalmente pertrechado para el combate'. Por esta referencia a la cualidad de 'luchador', el antropónimo ha gozado de la predilección de las casas reales españolas, italianas y portuguesas. Su patrón, san Alfonso María de Ligorio (1696-1787), brillante abogado y moralista, confirma el carácter batallador de quienes llevan este nombre también en el campo de la cultura y del pensamiento.

Variantes: Alonso, Ildefonso, Alfonsino. Hipocorísticos: Al, Poncho, Fonso; *cat. al.* Alfons; *eus.* Albontsa; *fr. ing.* Alphonse.

Alphonse de Lamartine, escritor francés (1790-1869). **Al Capone** (Alphonse Capone), capo de la mafia estadounidense, de origen italiano (1899-1947). **Alfonso Guerra,** político español, líder socialista (1941).

Alfredo *On. 26-8*
Nombre de origen germánico. Su etimología más probable es *athal-fred*, 'noble protector', pero se barajan otras dos: *ald-frid*, 'gobernante pacífico', y *alf-raed*, *'consejo de los elfos'* en las lenguas escandinavas. El nombre puede evocar conjuntamente las ideas de 'paz', 'nobleza' y 'buen consejo', y está muy difundido en los países anglogermánicos. Variantes: Aldofrido, Alefrido, Alfrido, Fredo (hip.); *cat. fr.* Alfred; *eus.* Alperda; *ing.* Alfred (hip. Alf); *al.* Alf; *it.* Alfredo.

Alfred Nobel, químico e industrial sueco (1833-1896). Alfred Hitchcock, cineasta inglés (1899-1980). Alfredo Di Stéfano, futbolista argentino (1927). Alfredo Kraus, tenor español (1927-1999). Al Pacino (Alfredo James Pacino), actor de cine estadounidense (1940).

Alí *S/on.*
Conocidísimo nombre árabe. Deriva de la voz *al* o *el*, 'alto', 'sublime, excelso', de donde procede también el nombre del dios islámico, Alá.

Alí, primo, yerno y sucesor del profeta Mahoma (†661).

Alín *S/on.*
Nombre de probable procedencia eslava, muy popular en Rumanía. Con él se señala el caracter 'sereno' y 'pacífico' de su portador.

Alix *S/on.*
Nombre popular en Francia, de origen germánico, significa 'noble'. Es también forma hipocorística de Alisandro o Lisandro.

Almiro *S/on.*
Para este nombre, de origen celta, se proponen dos significados bastante cercanos. Posiblemente proceda de *Alamir,* por *ala,* 'todo', y *mir,*

'ilustre, famoso'; pero también puede ser hipocorístico de Adalmiro, 'famoso por la nobleza'. En cualquier caso hace referencia al carisma de su portador, capaz de ser conocido o admirado por todos.

Alodio   *On. 22-10*
Nombre germánico, quizá con el mismo significado que el término jurídico *all-od*, 'tierra íntegra, libre'. Para otros es más probable *all-au-do*, que significa 'gran riqueza, gran valor'.
Variantes: *cat.* Al·lodi; *eus.* Allodi.

Aloisio   *On. como Luis*
Forma provenzal de Luis, como sus variantes Alois, Aloíso, Aloíto, la catalana Alois y la anglosajona Aloysius.
Alois Jirasek, escritor checo (1851-1930). Aloys van De Vyvère, político belga (1871-1961).

Alonso   *On. 31-10*
Variante de Alfonso, por influencia portuguesa, significa 'guerrero totalmente preparado para el combate'. Nobleza obliga, por ello bautizó Cervantes como Alonso Quijano al protagonista de su más célebre obra, para otorgarle la audacia y energía que su nombre pregona.
Alonso Berruguete, escultor y pintor español (h. 1490-1561). Alonso Cano, escultor, pintor y arquitecto barroco (1601-1667). Alonso de Ercilla, poeta español (1533-1594).

Álvaro   *On. 19-2*
Este nombre, muy común en Castilla durante la Edad Media (de ahí el gran número de personas apellidadas Álvarez), no tiene un origen claro. Es muy probable que lo trajeran los godos, pero puede ser variante de Alberico (compuesto de *Alb,* personaje mitológico, y el sufijo *ric,* 'rico') o

estar formado por los elementos *athal*, 'noble', por un lado, y *bera*, 'oso' o *ward,* de donde procede la palabra 'guardia', por otro. Otra etimología, *all-wars*, se interpretaría 'despierto, totalmente sabio, precavido'.

Alvar Aalto, arquitecto y diseñador de muebles finlandés (1898-1976). Álvaro Cunhal, político portugués, comunista ortodoxo (1913). Álvaro Mutis, escritor colombiano (1923). Álvaro Cunqueiro, escritor español en lenguas castellana y gallega (1911-1981).

Alvino   S/on.
Procede del germánico *Albwin,* unión de *alb,* 'elfo', y *win,* 'amigo'. Según esta etimología, significa 'amigo de los elfos', criaturas mágicas de los bosques nórdicos lideradas por Oberón, y dadas a cometer travesuras, y a proteger a los débiles. Otros dan *ala* como primer elemento, y la interpretación sería 'amigo cabal'. Puede ser hipocorístico de Adalvino.

Amadeo   *On. 31-3*
Formado en la cultura cristiana del latín *amatus a Deo,* 'amado por Dios', equivale al griego Teófilo. Puede tener valor activo: 'que ama a Dios'. Lleva grabado el sentido de la rectitud y la devoción, de que fue ejemplo Amadís de Gaula, el más famoso héroe de los libros de caballerías.
Variantes: *cat.* Amadeu; *fr.* Amédée; *it.* Amedeo; *port.* Amadeu.

Wolfgang Amadeus Mozart, genio de la música austríaco (1756-1791). Amadeu Vives, compositor español (1871-1932). Amedeo Modigliani, artista italiano (1884-1920).

Amado   *On. 31-8*
Del latín *amatus,* 'amado'. Usado en la Edad Media por árabes conversos dado su parecido fonético con *Ahmet,* 'laudable'.
Sinónimo: Agapito. Variantes: *cat.* Amat; *fr.* Aimé; *it.* Amato.

Amado Nervo, poeta mexicano (1870-1919).

Amador *On. 1-5*
Del latín *amator*, 'que ama, que quiere bien'. Por su bello significado, que induce a quien lo lleva a ejercer lo mejor del ser humano, este antropónimo tiene numerosos equivalentes, como Agapito, Filomeno o Erasmo. San Amador, noble francés del Auxerrois, hizo honor a su nombre al entregarse en el siglo IV a la cristianización del campesinado.

Amai *On. 9-6*
Forma masculina de Amaya, corriente en el País Vasco. Su significado es incierto, aunque desde la novela homónima de Francisco Navarro Villoslada se suela afirmar que significa 'principio del fin'. Nada tiene que ver con Maya, nombre griego adaptado del sánscrito *maya*, 'ilusión'.

Amancio *On. 10-2*
Nombre de origen latino; por *amans*, que significa 'amante'.
Amancio Prada, cantante y autor español en lengua española y gallega (1942).

Amando *On. 6-2*
Concurren en este nombre dos fuentes de origen muy diverso: por un lado, el latín *amandus*, 'digno de ser amado', y por otro, el germánico *ald-mann*, 'hombre ilustre, caudillo famoso'.
Derivado: Amandino. Variantes: *cat. eus. fr.* Amand; *al.* Amandus.

Amaro *On. 10-5*
Forma portuguesa de Mauro, popularizada a partir del siglo VI por el santo discípulo de san Benito de Nursia. También se usa como variante de Audomaro, especialmente en Burgos, donde se venera un san Ámaro, peregrino francés del siglo XIII.

Ambrosio *On. 7-12*
De origen griego: *an-brótos*, 'no mortal', es decir, 'divino', propio de aquel cuya sangre no brota o no puede ser derramada. Del mismo origen es ambrosía, con el significado de 'alimento que proporciona la inmortalidad' o directamente 'inmortalidad'. San Ambrosio, obispo de Milán en el siglo IV, fue gran predicador, héroe de la lucha a favor del cristianismo y el introductor del canto oriental en la liturgia romana. Sinónimos: Atanasio, Kaled. Variantes: *cat.* Ambròs; *gall.* Ambrosio; *fr.* Ambroise; *ing.* Ambrose; *al.* Ambrosius; *it.* Ambrogio; *galés,* Emrys.

Ambrosio Montesino, poeta español (1448-1512). Ambrose Bierce, escritor y periodista estadounidense (1842-1914).

Américo *On. 4-10*
El nombre no tiene un origen claro. Para unos es gentilicio de América, ciudad de la Umbría italiana, para otros es una variante de Almárico, a su vez forma transliterada de Amalrico o Amalarico (por *amal*, 'trabajo' y *rik*, 'rico, poderoso').

Amerigo Vespucci, navegante y mercader italiano, dio su nombre al continente descubierto por Colón (1454-1512).

Amiel *S/on.*
Nombre hebreo de significado reiterativo: *ammi-el*, ambas partículas significan 'Dios'. Para otros intérpretes, 'Dios es mi pueblo'.

Henri Fréderic Amiel, poeta, escritor y filósofo suizo (1821-1881).

Amílcar *S/on.*
En lengua púnica significa 'don de Melkar', nombre de la divinidad benefactora de los tirios. Nombre portado por algunos caudillos carta-

gineses, el más famoso, Amílcar Barca, padre de Aníbal, que indujo a éste a jurar odio eterno a los romanos.

Variantes: Hamílcar; *cat.* Amílcar, Hammílcar; *fr.* Amilcar.

Amilcare Ponchielli, compositor italiano (1834-1886). **Amílcar Cabral**, político independentista guineano (1921-1973).

Amín *S/on.*
En la cultura árabe, 'creyente', 'leal', 'defensor', nombre muy apreciado por su bella sonoridad y significado. Pregona la fidelidad a Dios y a los hombres de quien lo lleva, como el hebreo Amnón y el latino Fidel.

Amir *S/on.*
Nombre árabe; significa 'líder, popular entre el pueblo'. Gracias a su buena sonoridad, es uno de los nombres árabes más extendidos por Europa.

Ammar *S/on.*
En los países de tradición islámica, Ammar es el 'constructor', tanto en el sentido de levantar edificios, como de fundar otro tipo de obras.

Amós *On. 31-3.*
Nombre de origen hebreo, significa 'robusto' o 'el que lleva la carga'. Puede interpretarse también como 'Dios me ha sostenido', y tiene como patrón al cuarto de los profetas menores de la Biblia.

Anacleto *On. 13-7*
De origen griego: *aná,* 'arriba' o preposición reiterativa, y *kletós,* 'llamado': *anakletos,* que significa 'llamado en voz alta, invocado', y también, metafóricamente, 'resucitado'.

Ananías   *On. 25-1*
Del hebreo *hannah*, 'compasión', con la partícula *-iah*, referida a
Yahvé, nombre impronunciable por respeto. *Hannan-iah*, 'Dios se apia-
da'. Los mismos elementos, en orden inverso, forman el nombre Juan.
Ananías, personaje bíblico, uno de los compañeros de Daniel.

Anastasio   *On. 19-12*
Del verbo griego *anístemi,* que significa 'hacer levantar', 'resucitar'.
Como nombre propio, hace referencia a la resurrección de Cristo, y ex-
presa el deseo que quien lo lleve 'renazca' en el seno de la Iglesia, por
lo que fue frecuente entre conversos en los inicios del cristianismo.
Variantes: *ast.* Nastasio; *cat.* Anastasi; *fr.* Anastase; *ing. al.* Anastasius.
Anastasio Somoza Debayle, *Tachito,* dictador nicaragüense, hijo y hermano de dic-
tadores (1925-1980).

Anatoli   *S/on.*
Pese a su origen griego, este nombre nos ha llegado de Rusia, donde
es muy popular. Significa 'oriental'.

Andras   *S/on.*
Dada su concurrencia fonética con el radical griego *andréia,* podría in-
trepretarse domo 'valiente, viril'; pero lo cierto es se trata de un antiguo
nombre noruego, y significa 'hálito', referido al aliento vital.

Andrés   *On. 30-11*
Procede de la familia léxica de *anér,* en griego 'hombre', y de *andréia,*
que significa 'valentía'. Proclama la virilidad de su portador, por lo que
está muy extendido. Tiene como patrón a uno de los doce apóstoles,

cuyo martirio dio nombre a la cruz en forma de aspa. De este onomástico procede la voz inglesa *dandy*, inicialmente un diminutivo.

Variantes: *cat.* Andreu; *gall.* André; *eus.* Ander; *fr.* André; *ing.* Andrew (hip. Andy); *it.* Andrea; *al. neer.* Andreas; *ruso,* Andrej.

André Malraux, escritor y político francés (1901-1976). **Andrés Segovia,** guitarrista español (1894-1987). **Andrew Lloyd Weber,** compositor británico de ópera-rock (1948). **Andy Warhol,** artista estadounidense de origen checo (1928-1987). **André Agassi,** tenista estadounidense (1970). **Andy García,** actor de cine estadounidense de origen cubano (1956).

Ángel *On. 2-10*

Cada vez que se pronuncia este nombre se nos invita a pensar en una de las creencias más atractivas de cuantas ha construido la humanidad. El significado del antropónimo es el mismo que conserva el nombe común: 'ángel', del latín eclesiástico *angelus,* que es como se llaman en la Biblia los 'enviados de Dios', a partir del griego *aggelos,* 'mensajero'. La fe cristiana en un mundo sobrenatural habitado por espíritus es herencia del judaísmo, que a su vez heredó de los pueblos primitivos con religiones animistas, para quienes todo lo que existe en la naturaleza está dotado de alma, corazón y vida. De ahí derivó la creencia en el Ángel de la Guarda, el doble incorpóreo y bondadoso a carta cabal que toda persona tiene, para protegerla de cualquier mal y guiar su conciencia por el camino que cada religión considera más recto. Si tener o no tener ángel puede depender del nombre, está claro que llamarse así debe inducir a sus portadores a portarse de la mejor manera posible. Bondad obliga.

Sinónimos: Hermes, Malaquías, Nuncio. Con el nombre Miguel forma el compuesto Miguel Ángel. Variantes: Ángelo, Angélico, Angelino; *ast.* Anxel; *cat.* Àngel; *gall.* Anxo; *eus.* Aingeru, Gotzon; *fr.* Ange; *ing.* Angel; *it.* Àngelo, Àngiolo; *al.* Angelus.

Michelangelo Buonarotti, artista italiano (1475-1564). **Ángel Ganivet**, escritor español (1865-1898). **Àngel Guimerà**, dramaturgo y poeta español en lengua catalana (1845-1924). **Ángel Nieto**, piloto de motocicletas español (1957).

Aníbal   *On. 15-4*

Nombre fenicio-cartaginés: *Hanan-Baal*, 'gracia, beneficio de Baal', dios púnico. De tal gracia o don estuvo tocado el ilustre caudillo cartaginés vencedor de los romanos en Italia, hasta que fue vencido por Escipión. Variantes: Haníbal; *cat. ing.* Hanníbal; *fr.* Annibal; *it.* Annibale.

Aniceto   *On. 12-8*

Del griego *a-niketos*, 'invicto', por *a-*, partícula privativa; *niké*, 'victoria'. Similar es Niceto, que significa 'victorioso'.
Hipocorístico: Cheto; *cat. fr.* Anicet; *eus.* Niketa; *it.* Aniceto.

Anselmo   *On. 21-4*

Formado con las voces germánicas, *ans*, variante de *As*, 'Dios', o genéricamente, 'divino', y *helm*, 'casco', metáfora de 'protección'. Con este nombre se bendice a quien lo lleva como 'protegido de Dios'. De tal virtud hizo gala el filósofo Anselmo de Cantorbery (1033-1109), al mostrar una rectitud y firmeza de ánimo divinas en la defensa de sus convicciones.
Anselm Turmeda, escritor mallorquín (h. 1355-h. 1423). **Anselm Clavé**, difusor de la cultura musical con sus coros (1824-1874).

Antenor   *S/on.*

Del griego *anti*, 'contrario', y *anér*, 'hombre'. Su significado señala a los así llamados como 'guerreros', como aquéllos que combaten a los hombres para lograr sus metas, a imitación del príncipe troyano

Antenor, mítico fundador de Padua. La lucha puede darse también en el terreno del pensamiento, siguiendo el ejemplo de otro Antenor, el sabio anciano consejero de Príamo, rey de Troya.

Antolín *On. 2-9*
Deformación o hipocorístico de Antonino, participa, como este nombre, del controvertido significado de Antonio. Su onomástica se celebra por san Antolín, patrón de los cazadores, quien en el siglo III abandonó los honores de su estirpe real para dedicarse a la predicación.

Antón *On. 17-1*
Hipocorístico de Antonio. Es también su forma griega, identificable con el nombre Antimo, de *anthimos*, 'florido'.
Anton van Dyck, maestro de la pintura flamenco (1599-1641). **Anton Antón Mengs**, pintor bohemio (1728-1779). **Anton Chèjov**, narrador y dramaturgo ruso (1860-1904).

Antonino *On. 20-4*
Gentilicio latino de Antonio: 'de la familia de Antonio'. A los significados de Antonio, añade la idea de paz y prosperidad ligada al siglo de los Antoninos. Tanto el emperador romano Antonino Pío, gobernante ejemplar, como el sabio y bondadoso san Antonino (1389-1459), otorgaron al antropónimo una aureola de bondad contagiosa y brillante inteligencia.
Antonin Dvořák, violinista y compositor posromántico checho (1841-1904). **Antonin Artaud**, director de teatro francés (1896-1948).

Antonio *On. 17-1*
Como nombre romano, aparece sin familia léxica latina o griega, por lo que se considera un préstamo, de probable origen etrusco, y su signifi-

cado original se ha perdido. Pero la familia romana *Antonius* se encargó de hallarle distintas etimologías, unas derivadas del griego *ánthos*, 'flor', con la idea de selecto, floreciente, seductor, jovial; y otras a partir del prefijo griego *antí,* con el significado de combativo, luchador, y que daría desde *anti-onos*, 'anti asnos', 'enemigo de los burros', hasta *antionios*, 'inestimable', 'sin precio, que no se puede comprar', pasando por la significación directa 'defensor', por *anteo,* 'que se opone'. A estos hay que sumar el significado aportado por sus patrones: se ha consolidado 'aquel que merece las alabanzas', del que dan fe una cincuentena de santos, empezando por san Antonio Abad (251-356), primer abad o 'padre del monasterio', insigne fundador de la vida monástica en Egipto.

Variantes: Tonio, Toño, Antón, Tontón; *gall.* Antón; *cat.* Antoni; *eus.* Andoni; *fr.* Antoine; *ing.* Anthony; *al.* Antonius.

Antoni Gaudí, arquitecto español, principal figura del Modernismo (1852-1926). **Antonio Machado**, poeta español (1875-1939). **Antonio Ruiz Soler,** *Antonio,* bailarín español (1921-1996). **Antonio López**, pintor y escultor español (1936). **Antonio Gala**, dramaturgo y novelista español (1936). **Anthony Hopkins**, actor de cine británico (1936). **Antonio Banderas**, actor y director de cine español (1960).

Aparicio   *On. 6-1*

Nombre cristiano, del latín *apparitio*, 'aparición, comparecencia' (*adpareo*, 'aparecer', 'ser visible'). Nada tiene que ver con Aparición, alusivo a las apariciones milagrosas de la Virgen.

Apeles   *On. 22-4*

Nombre griego; quizá signifique 'consejero del pueblo'. Sin relación con Apelio, del griego *a-pelos*, 'no oscuro', es decir, 'de piel clara'.

Variantes: *cat.* Apel·les; *eus.* Apel.

Apel·les Fenosa, escultor español (1899-1988). **Apel·les Mestres,** dibujante, músico y escritor español (1854-1936).

Apolinar *On. 23-7*
Derivación del nombre propio Apolo, significa 'consagrado, relativo a Apolo', como su variante Apolinario.
Guillaume Apollinaire de Kostrowitsky, poeta francés (1880-1918).

Apolo *On. 21-4*
En la mitología romana, nombre de la divinidad de la luz, protector de las artes. Del griego *Apollon*, de *apo*, 'lejos', y *ollymi*, 'perecer': 'el que aleja la muerte' (título otorgado a la divinidad por haber salvado a Atenas de la peste). Puede estar relacionado con el verbo *apollumi*, 'destruir', e incluso con la voz germánica *Apfel*, 'manzana'.
Derivados: Apolíneo, Apolino, Apolodoro, Apolófanes, Apolonio.

Apolonio *On. 8-3*
Del griego Apolo, primitiva divinidad solar. Como todos los relacionados con este dios, el nombre atrae sobre su portador toda la luminosidad del Sol. Su patrón, san Apolonio el Anacoreta, iluminó con su luz interior el Egipto de finales del siglo II, donde floreció la vida eremítica.

Aquilino *On. 4-1*
Derivado del latín *aquila, Aquilinus* significa 'como el águila'. Esta ave, símbolo del poder y de la altura, fue el icono imperial de las legiones romanas. Al evocar al Ave Fénix, el nombre suma la perseverancia y capacidad de superación a la soberbia de su animal heráldico.
Achille Occhetto, político italiano, líder comunista (1936).

Arcadio *On. 12-1*

Gentilicio de la Arcadia, provincia griega del Peloponeso, tierra de gran feracidad que mereció el sobrenombre de 'feliz'. Allí se veneraban diversas deidades, como Pan y la ninfa Aretusa.

Arcadi Espada, periodista español (1957).

Archibaldo *On. 27-3*

Forma anglosajona del antiguo nombre *Erquembaldo*, hoy abandonado, aunque presente en otros derivados, como Aribaldo. De *ercan*, 'sincero, genuino', y *bald*, 'valiente, audaz' (cf. el inglés *bold*).
Variantes: *cat.* Arquimbau; *fr. al. ing.* Archibald (hip. Archie); *it.* Arcibaldo.

Archibald Alexander Leach, conocido como Cary Grant, actor estadounidense de origen británico (1904-1986).

Argimiro *On. 21-7*

Del nombre germánico *Argimir*, derivación de *harjis-meris*, 'ejército famoso'. O quizá de *ercanmir*, 'insigne, de noble cuna'.
Variante: Argemiro. Se considera como tal, Argiro, aunque en realidad procede de *harjis*, 'ejército'; *cat.* Argimir, Argemí; *gall.* Arximiro.

Argus *S/on.*

Nombre de origen nórdico, concretamente danés, que significa 'guardian', 'vigilante'. Es popular su forma hipocorística Gus.

Ariano *On. 7-3*

Nombre procedente de la latinización (*Arianus*) de Ario, a su vez derivación del nombre de Ares o Marte, dios de la guerra. Su forma femenina es distinta de Ariadna, pero suele confundirse con ella.

Arkin *S/on.*
Nombre nórdico, introducido recientemente en nuestra onomástica. Significa 'hijo del rey eterno', o también 'príncipe'.

Ariel *S/on.*
Del hebreo, citado en la Biblia como 'león de Dios', sinónimo de 'héroe' o 'valiente', uno de los nombres de Jerusalén, según Isaías.

Arístides *On. 31-8*
Nombre griego, de *aristos-eidos*, que significa 'el mejor, el más valiente'. Variantes: *cat.* Arístides; *fr.* Aristide; *it.* Arìstide.
Aristide Briand, político francés (1862-1932). **Arístides Maillol**, artista francés (1861-1944).

Aristóteles *S/on.*
Nombre griego, de *aristos*, 'selecto', 'mejor', y *telos*, 'finalidad', y significa 'el que se propone el mejor fin'. Su significado es indisociable de la sabiduría por Aristóteles (384-322 a.C.), el Filósofo por antonomasia.
Aristotelis Onassis, magnate griego, segundo esposo de Jacqueline Kennedy (1906-1975).

Armando *On. 8-6*
Procede del germánico *hard-mann*; significa 'hombre fuerte'. Variantes: Armindo; *cat.* Armand; *fr. ing. al.* Armand.
Armand-Jean Du Plesis, cardenal de Richelieu, eclesiástico y político francés (1585-1642).

Armengol *On. 3-11*
Nombre popular en Cataluña bajo la forma Ermengol, en especial por san Ermengol (992-1025), fundador de la dinastía condal de Urgel. Procede del germánico *Ermin-Gaud,* nombre de dos divinidades.

Armin *S/on.*
Del antiguo teutón; significa 'guerrero', y por extensión , valiente'.

Arnaldo *On. 10-2*
Nombre germánico, de *arin-ald*, 'águila gobernante', o figuradamente, 'caudillo fuerte', por las virtudes simbólicas del águila.
Variantes: Arnoldo; *cat.* Arnald; *fr.* Arnaud; *ing.* Arnold; *it.* Arnoldo.
Arnold Schönberg, compositor austríaco, padre del dodecafonismo (1874-1951). Arnold Schwarzenegger, culturista y actor de cine estadounidense, de origen austríaco (1957).

Arnau *On. como Arnaldo*
Forma catalana antigua de Arnald o Arnaldo, popular por alusión al Comte Arnau, figura emblemática del folclore catalán.
Arnau de Vilanova, médico y escritor catalán (h. 1240-1311).

Arnulfo *On. 18-7*
Nombre de origen germánico, de *arin-wulf*, que significa 'águila-lobo', en alusión a las cualidades guerreras simbolizadas en esos dos animales.
Arnulf Överland, poeta noruego (1889-1968).

Arsenio *On. 19-7*
Del griego *arsén*, 'viril' (cf. Andrés). Muy popular en Francia.
Arsenio Martínez Campos, militar y político español (1831-1900). Arsenio Lupin, detective protagonista de las novelas de Maurice Leblanc.

Artemio *On. 20-10*
Derivación masculina del nombre de la diosa Artemisa.
Artemio de Valle Arizpe, diplomático y cronista mexicano (1888-1961).

Arturo *On. 1-9*
De origen remoto, este nombre fue adoptado por la cultura griega. Se identifica, por semejanza fonética, con *arktos-ouros*, 'guardián de las osas', por la estrella homónima de la constelación del Boyero, próxima a la Osa Mayor. Su significado aúna la imagen del oso, *árktos*, y de la protección, por *úros*, 'guardián'. También evoca las brumas del norte, por *arjo*, 'empezar', y *arktikós*, 'inicial' y 'septentrional'. Su patrón, un monje trinitario irlandés del siglo XIII, encarnó la resistencia céltica contra los bretones. Pero fue Artús, rey celtarromano que combatió a los invasores sajones en el siglo V y dio lugar a la famosa leyenda de los caballeros de la Tabla Redonda, quien dejó una huella más profunda en el nombre, tocado desde entonces por un áurea indeleble de heroísmo y de aventura. Variantes: *gall. cat. al.* Artur; *fr. ing.* Arthur (hip. Art).

Arthur Rimbaud, genio de la poesía francés (1854-1891). Arthur Rubinstein, pianista estadounidense (1887-1982). Arturo Pomar, ajedrecista español (1931). Arthur Miller, dramaturgo estadounidense (1915). Arturo Pérez-Reverte, periodista y escritor español (1951).

Arve *S/on.*
Nombre nórdico, popular sobre todo en Noruega, a veces en la variante Arvid. Alude al buen linaje de su portador, y significa 'el heredero'.

Asim *S/on*
Nombre árabe. Significa 'el que protege', 'el defensor'.

Astor *S/on.*
Nombre medieval, *Astorius*, posiblemente procede del germánico *Asthar*, derivado de *ast*, 'rama', y, por extensión, 'lanza'.

Astor Piazzola, compositor argentino, renovador del tango (1921-1992).

Atahualpa *S/on.*
Nombre inca, del quechua *athahualpa,* 'pájaro de la fortuna'. Corriente en Sudamérica, especialmente en la región andina, en recuerdo del mítico Atahualpa, último soberano inca, derrotado y ejecutado en 1533 por el conquistador Francisco Pizarro.
Atahualpa Yupanqui, cantautor argentino (1908-1992).

Atai *S/on.*
Nombre popular entre los esquimales. Significa 'orilla, ribera'.

Atanasio *On. 2-5*
Del griego *thanatos,* 'muerte', con la partícula de negación *a-,* es decir, 'sin muerte, inmortal'. Es sinónimo de Ambrosio.
Athanasius Kircher, científico y filólogo alemán (1601-1680).

Ataúlfo *On. 11-9*
Variante antigua de Adolfo, difundida por Ataúlfo (†415), rey visigodo, esposo de Gala Placidia y primer monarca español independiente.
Ataúlfo Argenta, pianista y director de orquesta español (1913-1958).

Atilano *On. 5-10*
Procede de la raíz *atta,* 'padre', que hallamos tanto en el vasco *aita,* como en las lenguas germánicas.
Variante: Atiliano.

Audun *S/on.*
Entre los pueblos nórdicos, elegir este nombre era depositar sobre su portador una promesa de gloria. Significa 'elegido para la prosperidad'.

Augusto *On. 7-10*
De *Augustus,* 'consagrado por los augures', este nombre fue uno de los más ilustres en Roma, expresivo de la dignidad imperial tras ser llevado por Octavio Augusto (63 a.C.-14 d.C.), primer emperador romano.
Variantes: *cat.* August; *fr.* Auguste; *ing.* Augustus.
Auguste Lumière, biólogo e industrial francés, precursor del cine (1862-1954). Augusto Comte, filósofo y escritor francés (1798-1857). Augusto Roa Bastos, escritor paraguayo (1917). Augusto César Sandino, general y guerrillero nicaragüense (1895-1934).

Aulino *S/on.*
Del latín *Aulinus,* 'relativo a Aulo, de la familia de Aulo' (y éste, a su vez, de *aula,* 'patio de una casa'). Posteriormente concurrió con el germánico *ald-lind,* que dio la forma femenina *Audolendis,* 'viejo y dulce'. Es variante del nombre de origen griego Eulalio.

Aurelio *On. 27-9*
Sobre este nombre, que procede del latín *aurelius,* y significa 'de oro', dejaron su huella san Aurelio, obispo de Armenia en el siglo v, recordado como brillante cultivador de la amistad, y el emperador filósofo Marco Aurelio (121-180), ejemplo de la autoridad sabia y honrada.
Variantes: Aureliano, Oriol (muy popular en Cataluña).
Aureli Capmany, folclorista y escritor español en lengua catalana (1868-1954). Aureli Maria Escarré, abad de Montserrat (1908-1968).

Ausias *On. 4-7*
Aunque se suele considerar una derivación de los bíblicos Ozías o Eleázaro (ambos con el mismo significado etimológico), parece que el nombre se popularizó a través del santo provenzal *Alzeas* (s. XIV). En

España es conocido fundamentalmente por la figura del gran poeta de la lengua catalana Ausiàs Marc (h. 1397-1459).
Variantes: *cat.* Ausiàs, Ausies, Auzias.

Avelino   *On. 31-5*
Apellido de Andrés Avelino, santo italiano del siglo XVII, que aludía a su ciudad natal, *Avellino*, propio de la región de Abella, de donde surgió el nombre de las avellanas o 'nueces de Abella'.
Avel·lí Artís Gener, escritor y dibujante español (1912).

Axel   *S/on.*
Nombre muy frecuente en los países escandinavos. Parece proceder de la voz germánica *Aeks,* 'hacha'. En griego la raíz *axino-* significa igualmente hacha, y la raíz *ax-* da términos como *áxios,* 'digno', y *áxon,* en latín *axis,* 'eje', de significado similar en sentido figurado, pues llamarse 'Hacha', principal arma de guerra de los primitivos pueblos nórdicos, animaba al portador a 'ser un hacha', un líder en la batalla, y mostrar dignidad suficiente para que todo girase en torno a él. No tiene variantes en las lenguas románicas.
Axel Theorell, bioquímico sueco, premio Nobel de Medicina en 1955. Axel Springer, magnate alemán de la comunicación (1912-1985). Axel Rose, cantante estadounidense, líder del grupo *Guns' n' Roses.*

Ayrton   *S/on.*
Nombre de origen desconocido, aunque probablemente anglosajón, como variante de Ailton. Es muy popular en Portugal.
Variante: Airton.
Ayrton Senna, piloto de carreras brasileño, campeón de Fórmula 1 (1960-1994).

Azael *S/on.*
Variante gráfica de Hazael, nombre de origen hebraico, por *As'ab-El,* que significa 'hecho de Dios'.

Azael, en la Biblia, rey de Aram y de Damasco en el siglo ix antes de Cristo.

Azair *S/on.*
Nombre hebreo; significa 'rico'.

Azarías *On. 3-2*
Nombre hebreo, formado con la raíz *az* o *azaz*, 'fuerte', y el sufijo -*iab*, 'Dios', significa 'socorro, auxilio de Dios'.
Variante: *cat.* Azaries.

Azarías, santo compañero de Ananías y Misael, arrojado a un horno por negarse a adorar la estatua del rey Nabucodonosor.

Aziz *S/on.*
Nombre árabe; significa 'poderoso'.

B

Bajir   *S/on.*
Con este nombre árabe, que hace referencia al 'brillo' de su portador, se expresa la cualidad de destacar con luz propia de entre la oscuridad. Variante: Bahir.

Balbino   *On. 31-3*
Nombre de origen romano: *Balbinus*, 'relativo a, de la familia de Balbo', (y éste, a su vez, de *balbus*, 'tartamudo').
Variantes: *ast.* Balba; *cat.* Balbí; *eus.* Balbin.

Baldirio   *On. como Baudilio*
Variante de Baudilio, inspirada en la forma catalana *Baldiri*. Es popular en Cataluña la forma *Boi*.

Baldomero   *On. 27-2*
Viene del germánico *bald-miru*, por *bald*, 'audaz, valiente', y *miru*, 'ilustre, insigne'. Antaño muy popular, hoy algo en desuso.
Variantes: Baldo, Mero (hips.); *cat.* Baldomer.
Baldomero Sanín Cano, escritor colombiano (1861-1950). **Baldomero Espartero**, militar y político español (1793-1879).

Baldovín   *On. 15-7*
Nombre germánico, procede de *bald-win*, que significa 'amigo valiente'.
Variantes: Baldovino, Balduino.

Balduino   On. como Baldovín
De origen teutónico, variante de Baldovino.
Variantes: *cat.* Balduí; *fr.* Baudouin; *al.* Baldvin; *it.* Baldovino; *ing.* Baldwin.
Balduino I, rey de Bélgica, casado con Fabiola (1930-1993).

Baltasar   On. 29-3
Se han propuesto varios orígenes. No parece válida la interpretación eslava, *Beli-tzar*, 'rey blanco', en especial cuando Baltasar es el nombre
por excelencia del rey mago negro de la leyenda medieval. Otra etimología lo da como versión del persa *Beltshazzar*, 'príncipe de resplandor'.
Lo más probable es que proceda del asirio *Bel-tas-assar*, 'que el Señor
(el Baal fenicio) proteja al rey', a través del hebreo *Belshazzar*. Por la
simbología de 'rey', el hombre arquetípico, se interpreta como una in-
vocación a Dios para que protega la vida de quien lleva este nombre.
Variantes: *fr.* Balthazar; *ing. al.* Balthasar; *it.* Baldassarre.
Baltasar Gracián, escritor barroco español (1601-1658). Baltasar Porcel, escritor mallorquín (1937). Baltasar Garzón, juez español (1955).

Barry   S/on.
Nombre irlandés, de remoto origen celta. Su significado probable es 'lanza, arpón, asta' y, por extensión, 'guerrero, buen tirador'.

Barth   S/on.
Nombre anglosajón. Significa 'hijo de la tierra'.

Bartolomé   On. 24-8
Nombre arameo, su forma primitiva es *bar*, 'hijo' y *Talmai*, 'abundante
en surcos', probable apodo de un arador. Por extensión de este signifi-

cado 'con muchas arrugas', daría lugar a 'anciano', y a las virtudes aso-
ciadas, como sabiduría, templanza y veteranía.

Variantes: Bartolo (hip.); *cat*. Bartomeu; *fr*. Barthélémy; *it*. Bartolomeo
(hip. Bàrtolo); *ing*. Bartholomew, Bartlemy; *al*. Bartholomäus.

Bartolomé de las Casas, eclesiástico sevillano, defensor de los indígenas (1474-1566).
Bartolomé Esteban Murillo, pintor barroco español (1617-1682). **Bartomeu Robert**,
médico y político español (1842-1902).

Baruc *On. 1-5*
Nombre bíblico, del profeta del A.T., secretario de Jeremías. procede
de *Baruk*, que significa 'bendito'.

Baruch de Spinoza, filósofo holandés, de familia judía (1632-1677).

Basilio *On. 2-1*
Nombre de origen griego, difundido por todo el ámbito de la iglesia
ortodoxa. Procede de *Basileus*, 'rey', sobrenombre aplicado a las personas que destacaban por su gran nobleza, que acabó convirtiéndose
en nombre, con especial éxito en Rusia, donde Vassili es el más popular tras Iván. Además de por su atractivo significado, el nombre se extendió gracias al ejemplo de san Basilio (323-379), figura fundamental
del movimiento monástico en los países de Oriente.

Variantes: Basileo, Basiliano, Basi, Basil, Silio, Bacho (hips.); *cat*. Basili;
gall. *it*. *ing*. Basil; *fr*. Basile; *al*. Basilius; *ruso,* Vassil, Vassili.

Vassili Kandinski, pintor y teórico del arte ruso (1866-1944). **Vaslav Nijinsky**, bailarín
y coreógrafo ruso (1888-1959).

Basim *S/on.*
En árabe, 'el sonriente'. Es un voto por la felicidad de su portador.

Baudilio *On. 20-5*
Del nombre de *Baudilius,* santo del siglo IV. Su origen es desconocido, quizá relacionado con *baudus,* 'bobo' en latín arcaico. Parece innegable la presencia del céltico *bald,* 'victoria', quizá por atracción fonética. Formas antiguas: Baudelio, Boy. Variantes: *cat.* Baldiri, Baudili, Boi; *eus.* Baudili; *it.* Baudilione.
Baldiri Reixac, pedagogo español (1703-1781).

Bautista *On. 2-6*
Aunque en su origen es sólo el sobrenombre de san Juan el Precursor, el Bautista por el griego *baptistés,* 'aquel que bautiza', con el tiempo ha acabado en nombre con entidad propia.
Variantes: *cat.* Baptista; *eus.* Batita, Ugutz; *fr.* Baptiste; *it.* Battista.
Jean-Baptiste Say, economista francés (1767-1832). Leon Battista Alberti, arquitecto y humanista italiano (1404-1472).

Bedrich *S/on.*
Forma eslava de Federico.
Bedrich Smetana, compositor y pianista checo (1824-1884).

Bela *On. como Alberto*
Diminutivo húngaro de Albert, usado como nombre con entidad propia.
Béla Bartok, compositor, musicólogo y pianista húngaro (1881-1945).

Belami *S/on.*
Nombre de origen gaélico, popular en Irlanda. Su significado hace referencia a dos facultades frecuentemente destacadas por los nombres germánicos, la belleza y la amistad.

Belarmino *On. 13-5*
Apellido de un san Roberto, apologético jesuita italiano y martillo de herejes. Se ha asimilado a la expresión *bell'arma*, 'alma buena', aunque verosímilmente no es más que una derivación de *Guglielmo*, Guillermo.

Belisario *S/on.*
Nombre de uno de los dos más famosos generales del emperador Justiniano (s. VI). Derivado de *bélos*, 'saeta', y de aquí, 'arquero, saetero'. Variante gráfica: Belizario; *cat.* Belisari; *gall.* Belisario.
Belisario Betancur, político colombiano (1923).

Beltrán *On. 16-10*
Nombre de origen germánico, de *beraht-raban*, 'cuervo ilustre', esto es, 'guerrero ilustre'. El cuervo, símbolo del dios Odín, simbolizaba además la inteligencia y la memoria.
Bertrand du Glescin, condestable de Francia (h. 1320-1380). Bertrand Russell, filósofo, lógico y pacifista británico (1872-1970).

Benedicto *On. 11-7*
Forma antigua de Benito, en latín, *bene dictus*, es decir, 'bendito', aquél sobre quien se han invocado todos los bienes. Por esta promesa de felicidad inherente al nombre, quince Papas y dos antipapas lo escogieron como propio al asumir la alta dignidad eclesiástica.

Benigno *On. 13-2*
Del latín *benignus*, 'benévolo', muy corriente en la antigua Roma. Variantes: *cat.* Benigne; *al.* Benignus; *it.* Benigno.
Benigno Aquino, carismático líder político filipino (1932-1983).

Benito   *On. 11-7*
Simplificación de la forma latina original *Benedictus*, nombre forjado por el Cristianismo en alusión al ritual de la bendición, mediante el cual se atraía sobre la persona bendita o bendecida todas las cosas buenas que se decían durante la ceremonia. En latín, *bene dictus*, 'bien dicho', o 'aquél de quien se habla bien', significa por extensión, 'aquél en quien deben cumplirse los buenos deseos'. De fuerte raigambre en el Papado, lo llevó san Benito de Nursia, fundador de la regla monástica en el siglo VI.
Variantes: *cat.* Benet; *gall.* Bieito; *fr.* Benoît; *al.* Benedikt; *it.* Benedetto; *ing.* Bennet; *port.* Bento.
Benito Juárez, político mexicano (1806-1872). **Benito Pérez Galdós**, escritor español (1843-1920). **Benedetto Croce**, crítico literario italiano (1866-1952). **Benny Goodman**, músico de jazz estadounidense (1909-1986).

Benjamín   *On. 31-3*
Así se llamó el duodécimo hijo de Jacob, cuyo alumbramiento costó la vida a su madre Raquel. Su nombre inicial, Benoni (*ben-onin*, 'hijo de mi dolor'), lo cambió su padre por *Ben-jamin*, 'hijo de la mano derecha', o sea, 'hijo predilecto'. Como nombre común designa genéricamente al último y predilecto hijo de una serie de hermanos.
Benjamin Franklin, científico y político estadounidense (1706-1790). **Benjamín Jarnés**, escritor español (1888-1949). **Benjamín Palencia**, pintor fauvista español (1900-1980). **Benjamin Netanyahu**, político israelí (1949). **Ben Johnson**, velocista canadiense (1961).

Berenguer   *On. 2-10*
Forma catalana de Berengario, del godo *berin-gari*, 'lanza del oso', o sea, 'del guerrero', o quizá de *warin-gari*, 'lanza protectora'. Resucitada recientemente en Cataluña, en recuerdo de los primeros condes de Barcelona.

Bermudo *On. 8-3*
De origen germánico, procede de *bern-mods*, que significa 'oso valiente', y figuradamente, 'guerrero'. Fue el nombre de tres reyes de Asturias y León.

Bernabé *On. 11-6*
De origen arameo, por *Bar Nebuhah*, derivado del *nabí* hebreo, significa 'hijo de la profecía', y es el sobrenombre que los apóstoles dieron a José de Chipre, el 'profeta', es decir, el que trajo o era hijo de la consolación divina. En la Edad Media concurrió con el godo *bern-bald*, 'oso audaz'.
Variantes: *cat.* Bernabeu; *gall.* Barnabeu; *eus.* Barnaba; *fr.* Barnabé.

Bernardo *On. 20-8*
Rebosante de vigor, es muy apreciado por la onomástica germánica. De *berin-hard*, 'oso fuerte', o sea, poderoso guerrero, osado y fornido como un oso. Su patrón, san Bernardo de Claraval (1091-1153), predicador de la segunda Cruzada y figura clave del arte cistercense, es ejemplo de esa fortaleza de cuerpo y alma al servicio de un ideal. El nombre se asocia a unos perros que auxilian a las personas extraviadas en la montaña, por san Bernardo de Mentón, fundador de un asilo alpino.
Variantes: Bernal (ant.); Bernardino; Berna, Nardo (hips.).
Bernardo Bertolucci, cineasta italiano (1941). **Bern Schuster**, futbolista alemán (1959).
Bernardo Atxaga (José Irazu Garmendia), escritor español en lengua vasca (1951).

Berto *On. 15-5*
De la raíz germánica *berht*, 'brillante', 'famoso', presente en numerosos antropónimos. Muy extendido en Francia y Alemania.
Variantes: Bertilo, Bertino; Bertín (hip.).
Bertín Osborne, cantante y presentador de televisión español (1957).

Bertoldo *On. 21-10*
Nombre germánico, procedente de *berht-ald*, 'gobernante famoso'.
Bertolt Brecht, dramaturgo y poeta alemán (1898-1956).

Biel *On. como Gabriel*
Forma hipocorística catalana de Gabriel.

Bienvenido *On. 22-2*
Del latín *bene venutus*, 'bien venido', 'bien nacido', usado como fórmula natalicia de buen augurio en la Edad Media.

Björn *S/on.*
Antiguo nombre escandinavo, concretamente, noruego. Significa 'oso', en la misma tradición germánica que convierte a este animal en un símbolo de la fortaleza guerrera. Es equivalente de Bernardo.
Björn Borg, tenista sueco, uno de los mejores de la historia de este deporte (1956).

Blas *On. 3-2*
Su etimología es dudosa; tal vez del verbo griego *blápto,* 'herir', deriva el significado de 'lisiado'. A su vez, el término *blaisos*, 'zambo', varió su sentido en el latín *blaesus*, 'tartamudo', que daría *Blaesus*. Pero al ser su patrón, san Blas, un hito del calendario agrícola, es más probable que la raíz original fuera *blast-,* que significa 'brotar', 'germinar'. En efecto, este legendario santo del siglo IV, médico, obispo de la iglesia de Oriente y finalmente eremita que vivió en perfecta comunión con la naturaleza, reforzando la invitación a la vida que acompaña al nombre.
Blaise Pascal, físico, filósofo y escritor francés (1623-1662). **Blas de Infante**, escritor español, líder del andalucismo (1885-1936). **Blas de Otero**, poeta español (1916-1979).

Blay   *On. como Blas*
Variante de Blas, menos frecuente que esta forma en el pasado, ha recobrado la popularidad en los últimos tiempos.

Bob   *On. como Roberto*
Forma hipocorística inglesa de Roberto. Es también muy frecuente en los países anglosajones su forma hipocorística Bobby.
Bobby Fischer, ajedrecista estadounidense (1943). Bob Marley, cantante y compositor jamaicano (1945-1981). Bob Dylan (Robert Zimmerman), cantautor estadounidense (1941).

Bolívar   *S/on.*
Apellido vasco: para unos, de *bolu-ibar*, 'molino de la ribera'; para otros *olo-ibar*, 'campo de avenas'. En Hispanoamérica se usa como nombre por Simón Bolívar (1783-1830), *el Libertador,* cuyo padre era oriundo del pueblo vizcaíno de Bolíbar, cerca de Marquina.

Bonifacio   *On. 5-6*
Dos etimologías posibles: *bonus fatum*, 'buen augurio o destino', y la más probable, con el verbo latino *facere,* 'hacer' como segundo elemento. Popular entre el Papado, escogido por la voluntad de ser consecuentes con ese estímulo constante a la generosidad y la hombría de bien.

Boris   *On. 24-7*
Nombre de origen ruso, del eslavo *borotj*, 'guerrero, combatiente'. Otra etimología posible es *bogs* 'de Dios'. Es muy popular en Rusia, y de ahí se ha extendido al resto del mundo por su buena sonoridad.
Boris Vian, ingeniero y artista polifacético francés (1920-1959). Boris Yeltsin, político ruso, primer presidente tras el comunismo (1931). Boris Becker, jugador de tenis alemán (1967).

Borja *On. 3-10*
De la casa de los Borja, italianizado en Borgia, del catalán *borja,* 'cabaña'. En su origen era un apellido, devenido en nombre por la grandeza de algunos de sus portadores. Más que por este topónimo, el nombre recoge el significado que le dio su patrón, san Francisco de Borja (1510-1572), noble de alta alcurnia que abandonó los honores de este mundo por la disciplina de la Compañía de Jesús, a la que marcó con su sello de lucha, austeridad, eficacia y tenacidad incansable.

Bradley *S/on.*
Nombre anglosajón. Procede del inglés antiguo y significa 'prado extenso', o también, 'aquel que procede de la amplia pradera'.
Variantes hipocorísticas: Brad, Brady.
Brad Pitt, actor de cine estadounidense (1963).

Brandán *On. 16-5*
De probable origen celta y sentido dudoso. Quizá de *bren-finn,* 'aire hediondo'. Otra interpretación del gaélico es 'pequeño cuervo'. Hay quien le da origen teutón, con el significado 'fogoso'. San Brandán (†580), legendario patrón de los marineros, es muy venerado en Gran Bretaña.
Variantes: Brendán, Brandano; *cat.* Brandà; *fr. ing. al.* Brendan.
Brendan Behan, autor dramático y nacionalista irlandés (1923-1964).

Braulio *On. 26-3*
No está claro el origen de este nombre. Se ha propuesto el germánico *brand,* 'fuego', 'espada', por *brandila,* transformado en *braudila,* por lectura errónea de la 'n'; y también *brau,* 'toro', del germánico *raw,* 'cruel'.
Braulio Arenas, escritor chileno (1913-1988).

Breogán *On. 25-7*
Nombre céltico, frecuente en Galicia. *Gan* es indicativo de familia de origen hebreo y *Breo*, quizá nombre propio de significado desconocido.

Brián *S/on.*
Del nombre celta *Brjan*, es muy corriente en Irlanda. Significa 'colina', aunque otra interpretación es 'fuerte como un montaña'.
Variante: Briando; *cat.* Briand; *fr. ing. al.* Brian.
Brian De Palma, realizador cinematográfico estadounidense (1940).

Bruce *S/on.*
Nombre de origen francés, aunque es más popular en los países anglosajones. Significa 'de la espesura del bosque'.
Bruce Springsteen, cantautor de rock estadounidense, llamado *The Boss* (1949).
Bruce Willis, actor y empresario estadounidense, de origen alemán (1955).

Bruno *On. 6-10*
De etimología discutida, posible cruce de tradiciones germanas y latinas. La raíz gótica *brun*, 'quemado, de color rojo, oscuro', coincide con el significado del latín *pruna,* 'carbón encendido', del que derivó *prunum* para describir la ciruela negra. Otra etimología lo haría proceder de *prunja*, 'peto', 'coraza', componente de otros nombres como Brunardo. En cualquier caso, al significado de fuego, replandor y protección hay que sumar el ejemplo de su patrón, san Bruno (1030-1101), modelo de rectitud, valentía e inteligencia para quienes llevan este nombre.
Variantes: *cat.* Bru; *gall.* Bruno; *eus.* Burnon; *it.* Bruno, Brunone.
Bruno Bettelheim, psiquiatra estadounidense de origen austríaco (1903-1990).
Bruno Walter, director de orquesta alemán (1876-1962).

Buenaventura *On. 15-7*
Se trata del sobrenombre de san Buenaventura, tomado a partir de la exclamación de san Francisco de Asís al curarlo mediante la imposición de manos: «*¡O buona ventura!*». Es un nombre medieval de buen augurio, empleado como fórmula natalicia para atraer la buena ventura sobre el niño y que ésta se irradie sobre quienes forman su entorno, en evocación de san Buenaventura, general de franciscanos en el siglo XIII, llamado el doctor Seráfico por su talante angelical, que fue uno de los principales cultivadores de la teología del amor.
Buenaventura Durruti, dirigente anarquista español (1896-1936). **Bonaventura Carles Aribau,** escritor, economista y político español (1798-1862).

Buster *S/on.*
Nombre adoptado por el actor de cine mudo Buster Keaton. Su significado aproximado es 'el que empuja', 'el que pasa adelante'.
Buster Keaton (Joseph Francis Keaton), actor de cine estadounidense (1896-1966).

Byron *S/on.*
De origen francés, este nombre es, sin embargo, mucho más frecuente en los países anglosajones. Significa 'de la casa de campo'.

C

Caleb *S/on.*
Nombre bíblico, procede del hebreo *kaleb*, 'perro'. Otros lo interpretan como 'audaz', tal vez por el ejemplo de Caleb, personaje bíblico, único de los doce exploradores que logró entrar en la Tierra Prometida.

Calimero *On. 31-7*
Del griego *kalli-meros*, que significa 'de bellas partes del cuerpo', o sea 'bien proporcionado', 'bello'.

Calixto *On. 1-2*
Se trata de todo un homenaje a la belleza del recién nacido. Procede del griego *kállistos*, 'bellísimo', y tiene indistintamente valor femenino y masculino. Tomó fama primero como nombre de mujer, al llamarse así la bella ninfa amante de Zeus, que convertida en constelación es guía de navegantes. Fernando de Rojas eligió este nombre para el protagonista de *La Celestina,* con el fin de ponderar su gran belleza.
Variantes: *ast.* Calistro; *cat.* Cal·lixte; *gall.* Calixto (hip. Calistro); *eus.* Kalista; *fr.* Callixte; *ing. al.* Callistus; *it.* Calisto, Callisto.

Camilo *On. 14-7*
Este nombre, de origen remoto, procede del etrusco *casmillus,* que era como se llamaba al ayudante del padre de familia en su tarea como responsable del fuego sagrado del hogar. Cuando el estado asumió este culto, sus *camilli* o 'ministros' adquirieron una especial relevancia, y co-

mo quiera que para tal ministerio se escogía a los más jóvenes y bellos, el nombre pasó a designar estas virtudes. Así, por ejemplo, fue el sobrenombre asignado a Mercurio, mensajero o ministro de los dioses, y además, de imagen eternamente joven y bella, como proclama su apodo.
Variantes: *cat.* Camil; *eus.* Kamil; *fr.* Camille; *al.* Camill; *it.* Camillo.

Camille Saint-Saëns, compositor francés (1835-1921). Camille Pissarro, pintor, diseñador y litógrafo francés (1830-1903). Camilo José Cela, escritor español, obtuvo en 1989 el premio Nobel de Literatura (1916).

Cancio   *On. 31-5*

Nombre latino, derivado de *cantio*, que significa 'cantar'.
Variantes: *ast.* Cantiu; *cat.* Canci.

San Juan Cancio, misionero polaco martirizado en Aquileya, junto con sus hermanos Canciano y Cancianila, en el siglo III.

Cándido   *On. 3-10*

Nombre popularizado desde la novela homónima de Voltaire. Del latín *candidus*, 'blanco', 'inmaculado', de donde *candeo*.
Variantes: *cat.* Càndid; *gall. it.* Cándido; *eus.* Kandidi; *fr.* Candide.

Cándido Méndez, líder del sindicalismo español (1952).

Canuto   *On. 7-1*

Nombre germánico, portado por varios reyes de Dinamarca e Inglaterra. Tal vez relacionado con el antiguo alemán *kint*, 'estirpe', 'origen', 'descendiente', a su vez de la raíz indoeuropea *gen*, 'generar'.
Variantes: *cat.* Canut; *fr.* Canut; *ing.* Knud; *danés, noruego,* Knut.

San Canuto I el Grande, rey de Dinamarca en el siglo XI. Knut Hamsun, novelista noruego (1859-1952).

Carey S/on.
Del celta antiguo; significa 'del castillo'. Puede interpretarse como 'señor'.
Variante hipocorística: Cary.

Carlos On. *4-11*
Nobleza obliga, y llevar este nombre es una llamada constante a ejercer
las virtudes que por tradición se consideran 'viriles'. La raíz teutona *karl*
significa 'varón', y aparece en nombres como Carlomán: *Karl-mann*,
'hombre viril', latinizado en *Carlomagnus*, Carlos el Grande (742-814),
título del gran emperador de Occidente que fusionó las culturas germánica y romana. Es popular en todas las épocas y países y frecuente en
las casas reales, y suele formar compuestos con otros nombres.
Variantes: Toló, Litus (hips.); *ast.* Carlinos; *cat.* Carles; *gall.* Carlos; *eus.*
Xarles, Karla, Karol; *fr. ing.* Charles; *al.* Karls (hip. Karlheinz); *it.* Carlo;
húng. Károly; *sueco,* Kalle; *finés,* Halle.
Charles Baudelaire, poeta y crítico de arte francés (1821-1867). Karl Marx, filósofo,
político y economista alemán (1818-1883). Carl Sagan, astrónomo estadounidense
(1934-1996). Carlos Gardel, cantante argentino, mito del tango (1890-1935). Carles
Riba, escritor y traductor español en lengua catalana (1893-1959). Karlos Arguiñano,
cocinero español (1948). Carl Lewis, atleta estadounidense (1961).

Carmelo On. *16-7*
Nombre tomado del monte Carmelo, en la Galilea (*karm-el*, 'viña de
Dios'), citado en la Biblia. Aunque la forma femenina es tomada como
equivalente de Carmen, en realidad son nombres distintos.
Variantes: Carmelino; *ast.* Carmele; *cat. gall.* Carmel; *eus.* Karmel.
Carmelo Alonso Bernaola, compositor de música español (1929). Carmelo Gómez, ac-
tor cinematográfico español (1962).

Casildo   *On. 9-4*
Nombre de origen polémico, tal vez derivación del germánico *Hatuhild*, de *hathu*, 'riña, combate', y *hild*, 'batalla'. Sorprende la coincidencia con la forma árabe *kassilda*, 'cantar', con la que quizá haya concurrido.

Casimiro   *On. 4-3*
Nombre muy corriente en Polonia, donde ha sido llevado por varios reyes. Del polaco *Kazimierz*, 'el que establece la paz, pacificador', latinizado posteriormente en *Casimirus*.
Variantes: *ast.* Casumiru; *cat. fr. ing.* Casimir; *eus. al.* Kasimir.
Casimiro Olañeta, político boliviano (1796-1860).

Casiodoro   *On. 14-9*
Del griego *kasios-doron*, 'don del hermano', hecho famoso por un sabio de la corte de Teodorico.
Casiodoro, político, monje y escritor romano del siglo VI.

Casto   *On. 22-3*
Nombre cristiano, derivación del latín *castus*, 'puro'.
Casto Sendra, más conocido como *Cassen*, humorista español (1915-1975).

Cástor   *On. 28-12*
Del griego *kástor*, derivado del hebreo, 'almizcle'. Equivale a 'almizclado, oloroso', y da nombre a un animal alegre y trabajador. Pero su significado proviene del personaje mitológico Cástor, gemelo de Pólux, acompañantes de Jasón en la busca del vellocino de oro. Dieron nombre a la constelación de Géminis, son símbolo de la amistad y, en Grecia, fueron honrados como dioses protectoras del deporte y de la juventud.

Cayetano *On. 8-8*
Se ha querido ver en este nombre un gentilicio del latín *gaius*, 'alegre', aunque más probablemente lo es de *Caieta*, puerto de la Campania (hoy, Gaeta), así llamada, según Virgilio, por el nombre de la nodriza de Eneas, muerta y sepultada en aquella playa. Es muy popular en Italia.
Variantes: Caitán; *cat.* Caietà; *gall.* Caetán, Caetano.
Gaetano Donizetti, compositor italiano (1797-1848). Gaietà Cornet, dibujante e ingeniero español (1878-1945). **Gaetano Rapagnetta**, conocido como Gabrielle D'Annunzio, poeta italiano (1863-1938).

Cayo *On. 10-3*
Muy apreciado en la antigua Roma, este nombre tiene sin embargo un origen incierto. Probablemente provenga de *gaia,* 'grajo, urraca', animal totémico; pero también se han dado otras etimologías, como la que lo considera equivalente a 'señor de la casa' (en el contrato de matrimonio la mujer pronunciaba la frase ritual *Ubi tu Caius, ego Caia*) o la que lo hace derivar del latín *caius*, corrupción de *gaius*, 'alegre'. Puede ser también una forma apocopada de Cayetano.
Variantes: *cat.* Cai, Caius; *eus.* Kaia; *gall.* Caio; *al.* Cajus; *it.* Caio.
Cayo Julio César, político, general y escritor romano (100-44 a.C.). Cayo Petronio, escritor y árbitro de la elegancia romano (s. i).

Cebrián *On. 10-3*
Nombre griego, de *Kyprianus*, gentilicio de la isla de Chipre (*Kypros*). También gentilicio de Ciprina o Cipris, sobrenombre de la diosa Venus, la cual era adorada en esa isla.
Variantes: Ciprián, Cipriano; *cat.* Cebrià.
Cebrià de Montoliu, urbanista y abogado estadounidense de origen mallorquín (1873-1923).

Cecilio *On. 1-2*
Nombre muy antiguo, portado por una ilustre *gens* romana, derivado del latín *coeculus*, 'cieguecito', en honor al fundador de la familia, Cecilio Metelo, noble romano que perdió la vista al salvar de un incendio, según unos, otras vidas, según otros, la estatua de la diosa Atenea. Se ha pretendido su origen etrusco, pero parece más probable la interpretación tradicional. Fue santa Cecilia, noble romana del siglo II que murió por la religión de los desheredados, quien llenó de significado el nombre, por su ejemplo de valentía y desprendimiento, y por ser patrona de la música.
Variantes: *cat.* Cecili; *gall.* Cecío.
Cecil B. De Mille, cineasta estadounidense (1881-1959). Cecil Day-Lewis, escritor irlandés (1904-1972). Cecilio Acosta, escritor y jurista venezolano (1818-1881).

Cedric *S/on.*
Nombre celta, muy popular en Irlanda. Significa 'jefe del clan'.

Ceferino *On. 22-8*
Nombre latino, derivado de *zepherinus*, 'relativo al céfiro', viento de occidente, a partir del griego *tsophos*, 'oscuridad', 'occidente'.
Variante gráfica: Zeferino. Hipocorístico: Ferino; *ast. gall.* Cefirin; *cat.* Ceferí, Zeferí; *eus.* Tzepirin, Keperin, Xefe; *al. it.* Zefirino.
Ceferí Tresserra, político y escritor español (1830-1880).

Celedonio *On. 3-3*
Del nombre griego *Chelidonius*, procedente de *chélidonon*, diminutivo de *chélidon*, 'golondrina'.
Forma hipocorística: Cele; *ast.* Celedon; *cat.* Celdoni, Celedoni, Celoni, Saldoni; *eus.* Zeledon, Kelidoni.

Celestino   *On. 17-5*
Gentilicio de Celeste. Antiguamente era sobrenombre de Júpiter, rey de dioses en el panteón romano, equivalente al griego Zeus.
Variantes: Celiano y Celso; Cele (hip.); *cat.* Celestí; *fr.* Célestin.
Célestin Freinet, educador francés, fundador de una escuela experimental de métodos activos (1896-1966). **Celestino Gorostiza**, escritor mexicano (1904-1967).

Celio   *On. como Cecilio*
Del latín *Coelius*, nombre de una familia romana, a partir de la cual se extendió a una de las colinas de su ciudad. Popular en Valencia, aunque más como hipocorístico de Cecilio (tal vez del etrusco *celi*, 'septiembre').
Variantes: Celino; *cat.* Celi.

Celso   *On. 2-4*
Nombre latino, del verbo *cello,* que significa 'elevado, excelso', afín a *collis,* 'colina', y a *columen,* 'cima, altura', de donde deriva la palabra 'culminar'. Se mantiene en español su participio presente, *excellens,* 'excelente', es decir, que sobresale o destaca. Usado desde la Roma clásica, nunca se ha prodigado en exceso, en coherencia con el significado del nombre, que señala lo extraordinario de su portador.
Celso Aulio Cornelio, escritor y médico del siglo I, llamado el Cicerón de la medicina y el Hipócrates latino. **Celso**, filósofo platónico que vivió en Roma en el siglo II.

Cenobio   *On. 20-2*
Del griego *Zenos bios*, 'vida de Zen', es decir, 'descendiente de Júpiter', el dios de los dioses. El nombre adquirió posteriormente connotaciones cristianas al ser aplicado a los conventos (*koinos bios*, 'vida en común').
Variante gráfica: Zenobio; *cat.* Cenobi, Zenobi; *eus.* Kenoba.

César　*On. 26-8*
Procede probablemente de la antigua palabra latina *caesar*, 'melenudo', presente en el término *caesaries,* 'cabellera', emparentado con el sánscrito *kesarah,* 'cabellos, crin', y con el tocario *sekake,* 'león', el melenudo por excelencia. Otra etimología, popular, lo deriva del verbo latino *caedo,* 'cortar, hender, abatir', que también dió el sustantivo *caesor,* 'talador de árboles'. Sobrenombre de la *gens* Julia, se convirtió en un título expresivo de la dignidad imperial gracias a Julio César, y así sobrevive hoy en palabras análogas, como el alemán *Kaiser* o el ruso *Zar.*
Variantes: Cesario, Cesáreo, Cesarión (así se llamó el hijo de Julio César y la reina Cleopatra); *eus.* Kesar; *ing.* Caesar; *al.* Cäsar; *it.* Cèsare.
César Milstein, biólogo molecular argentino (1927). **Cèsare Pavese**, escritor y traductor italiano (1908-1950). **César Vallejo**, poeta peruano (1892-1938). **César Gaviria**, economista y político colombiano (1947). **César Manrique Cabrera**, artista español (1929-1992).

Chadli　*S/on.*
Nombre árabe, posible derivación de *shadi*, que significa 'cantor'.
Chadli Benyedid, político y militar argelino (1929).

Chayton　*S/on.*
Nombre sioux, que significa 'halcón'. Este símbolo solar alude al impulso ascensional, masculino y diurno de su portador.

Cipriano　*On. 16-9*
Del griego *cyporianus*, gentilicio de la isla de Chipre (*Kypros*), donde se adoraba a Venus, llamada también por ese motivo Ciprina o Cipris.
Variantes: Cebrián; *ast. gall.* Cibrán; *cat.* Ciprià; *eus.* Kipiren; *ing.* Cyprian.
Cipriano Camil Norwid, poeta, dramaturgo, pintor y escultor polaco del siglo XIX.

Cirano *On. 4-12*
Latinización (*Cyranus*) del griego *kyrios*, que significa 'señor'.
Savinien Cyrano de Bergerac, escritor y espadachín francés (1619-1665).

Cireneo *On. 1-11*
Gentilicio griego de Cirene (*Kyrenaia*), nombre procedente, tal vez,
del sustantivo *kyreo*, 'objetivo', 'punto deseado'.

Ciriaco *On. 19-6*
La palabra griega *kyrios*, 'señor', da lugar a numerosos nombres:
Ciriaco (*kyriakos*, 'amor a Dios'), Ciriano, Ciricio, Cirilo, Cirenia.
Variantes: Ciríaco; *cat.* Ciriac; *eus.* Kuireka; *gall.* Ciriaco.

Cirilo *On. 18-3*
Derivado del griego *kyrios*, 'señor', o *Kyros,* nombre del rey persa Ciro,
del que Cirilo podría ser diminutivo. A san Cirilo el filósofo (827-869),
apóstol de los eslavos, se debe la creación del alfabeto cirílico.
Variantes: *cat.* Ciril; *eus.* Kuiril; *fr.* Cyrille; *ing.* Cyril; *it.* Cirillo.

Ciro *On. 3-8*
Del hebreo *kores*, y éste, a su vez, quizá del elamita *kuras*, 'pastor'.
Variantes: *cat.* Cirus; *eus.* Kuir; *ing.* Cyrus.
Ciro II el Grande, emperador de Persia (†529 a.C.).

Clark *S/on.*
Apellido anglosajón, derivado del latín *clericus*, 'clérigo', convertido en
nombre, especialmente por el éxito del actor Clark Gable.
William Clark Gable, legendaria estrella de cine estadounidense (1901-1960).

Clayton   *S/on.*
Procede del inglés arcaico. Significa 'de barro', tal vez por alusión al material del que fue hecho, según el Génesis, el primer ser humano.
Variantes: Cleiton; Clei, Clay (hips.).

Claudio   *On. 6-6*
Procede del latín *Claudius*, nombre de una importante *gens* romana. El nombre se formó a partir del adjetivo latino *claudus*, 'cojo', y es muy probable que derivase del sobrenombre del ilustre patriarca de la familia, cuya cojera sería signo externo de una heroica actuación bélica. Así fue entendido por sus descendientes y el nombre Claudio, que hizo historia en Roma, se convirtió en un apelativo sinónimo de nobleza.
Variantes: Clay (hip.); *ast.* Clodio; *cat.* Claudi; *eus.* Kauldi; *fr.* Claude; *ing.* Claud; *al.* Claudius.
Claude Debussy, compositor de música francés (1862-1918). Claude Chabrol, director de cine francés (1930). Claude Simon, escritor francés (1913). Claudio Abbado, director de orquesta italiano (1933).

Clemente   *On. 23-11*
Del latín *clemens*, significa 'dulce', 'bondadoso'. Con un significado tan evidente, este nombre es para quien lo lleva una invitación constante a ejercer algunas de las más altas virtudes del ser humano: la tolerancia, la comprensión, la amabilidad. Fue muy popular durante la Edad Media, y contó con la predilección del Papado.
Variantes: *ast.* Clementi; *cat.* Clement; *gall.* Clemenzo; *eus.* Kelmen; *fr.* Clément; *ing.* Clemence; *al.* Clemens.
Klemens von Metternich, estadista austríaco de origen renano (1773-1859). Clement R.Attlee, dirigente laborista británico (1883-1967).

Clementino   *On. 1-12*
Patronímico de Clemente a través del sufijo latino *-inus*: 'relativo a, de la familia de Clemente'.
Variantes: *cat.* Clementí; *gall.* Clementino.

Clodomiro   *On. 1-11*
Nombre germánico, compuesto de *blod-miru*, 'gloria insigne'.
Variantes: *cat.* Clodomir.
Clodomiro, rey franco, hijo de Clodoveo y Clotilde (s. VI).

Clodoveo   *On. 25-8*
En realidad es una de las muchas variantes de Luis. Por las raíces *blod* y *wig*, significa 'lucha gloriosa'.
Variantes o nombre emparentados: Clovis, Clodovico, Ludovico, Aloíto, Aloísio, Alvito, Eloíso, Eloy; *cat.* Clodoveu; *gall.* Clodoveo.
Clodoveo I, primer rey de todos los francos (h. 466-511).

Colomo   *On. 31-12*
Variante no del todo exacta de Palomo, por el latín *columba*, 'paloma', aunque concurre con Columbano, nombre popular en Irlanda por llamarse así su apóstol, deformado a menudo en Colman.
Variantes: Columbo, Columbano; *cat.* Colom; *ing.* Colum, Colm.

Conrado   *On. 26-11*
Del germánico *kuon-rat*, 'consejo del osado', o en otra interpretación, 'atrevido en el consejo'. Portado por diversos emperadores germánicos, tan popular en Alemania que es considerado allí sinónimo de 'persona corriente', como el Juan español.

Variantes: *cat. fr. ing.* Conrad; *al.* Konrad (hip. Kurt); *it.* Corrado.

Konrad Adenauer, político alemán (1876-1967). Kurt Weill, compositor alemán (1900-1950). Conrad Hilton, empresario de hostelería estadounidense (1887-1979). Kurt Cobain, músico británico, líder del grupo *Nirvana* (1967-1994).

Constancio *On. 29-1*
Del latín *constans*, 'constante'. Se llamaron así dos emperadores romanos, de Roma y de Bizancio, y el nombre fue habitual en la Edad Media.
Variantes: *cat.* Constanci; *fr.* Constant; *al.* Konstanze.

Constanzo Varolio, médico y anatomista italiano (1543-1575). Constant Permecke, pintor, diseñador y escultor belga (†1952).

Constantino *On. 27-7*
Nombre latino, famoso por el emperador romano que adoptó el cristianismo en el siglo IV. También es gentilicio de Constancio.
Variantes: *ast. fr. al.* Constantin; *cat.* Constantí; *eus.* Kostandin; *ing.* Constantine.

Konstantin Stanislavski, autor y director de teatro ruso (1865-1938). Constantin Kavafis, poeta griego (1863-1933). Constantino Romero, actor de teatro y presentador de televisión español.

Cornelio *On. 31-3*
Nombre que procede del gentilicio latino *cornelium*, que significa 'cuernecito', o *cornicula*, 'choto', que designaba la familia de Publio Cornelio Escipión, *el Africano*, vencedor de Aníbal.
Variantes: Corneliano; *cat.* Cornell, Corneli; *eus.* Korneli; *fr. ing.* Cornelius.

Cornelio Tácito, cronista de la antigua Roma (h. 55-116). Cornell Woolrich, escritor estadounidense (1903-1968).

Corrado *On. como Conrado*
Variante popular del teutón Conrado; significa 'consejo del osado'.

Cosme *On. 26-9*
Este nombre es casi un piropo. Viene del griego *kosmas*, 'bello' o 'adornado', presente en la forma medieval Cosmas y en la palabra moderna *cosmética*. Los santos Cosme y Damián, martirizados en Arabia en el siglo III, son patronos de los médicos.
Variantes: *gall.* Cosme, Cosmede; *eus.* Kosma; *fr.* Côme; *ing.* Cosmo; *al.* Kosmas; *it.* Còsimo.
Cosimo Miglioratti, Papa con el nombre de Inocencio VII (1336-1406). Cosimo de Medici, llamado *el Viejo*, político y banquero florentino (1389-1464).

Crescencio *On. 15-7*
Del latín *crescens*, 'que crece', es decir, 'vital, robusto'. Una probable forma medieval de Crescencio es Cresques, del catalán *cresques*, 'que crezcas', fórmula natalicia de buen augurio.
Variantes: Crescente, Crescenciano, Crescentiano, Crescentino; Chencho (hip.); *cat.* Crescenci, Cresques; *eus.* Keslentzi; *al.* Creszenz.
Cresques Abraham, cartógrafo judío mallorquín (†1381).

Crespo *On. 4-10*
Procedente de una *gens* romana, a partir del latín *crispues*, que significa 'crespo, de pelo rizado', este nombre fue cristianizado en el siglo I por san Crespo, pagano y arquisinagogo de Corinto, que fue convertido al cristianismo por san Pablo.
Variantes: Crispo; Crispín, Crispino, Crispiniano, Crispolo, Críspulo; *cat.* Crisp; *eus.* Kispa; *al.* Crispus; *it.* Crispo.

Crisóstomo *On. 27-1*
Nombre de origen griego, *Krisos stomos*, que significa 'boca de oro',
aplicado a san Juan Crisóstomo, como sinónimo de 'elocuente orador'.
San Juan Crisóstomo, doctor y patriarca de la Iglesia griega (h. 344-407).
Crisóstomo, desesperado enamorado del *Quijote* cervantino.

Crispín *On. 19-11*
Se proponen dos orígenes distintos, coincidentes en la misma forma. De
la palabra griega *crepís,* 'zapato', se formó el sobrenombre Crepín, 'zapa-
tero', asimilado por homofonía a Crispín, gentilicio de Crispo, y éste, del
latín *crispus*, 'crespo, de pelo rizado'. En cualquier caso, el nombre con-
servó su significado original por san Crepín y san Crepiniano, hermanos
zapateros que fueron apóstoles del norte de Francia en el siglo III, de modo que san Crispín acabó siendo considerado el patrón de los zapateros.
Variantes: Crispino, Crispiano, Crispiniano, Críspulo; *cat.* Crispí.
Crispin Glover, actor estadounidense.

Cristián *On. 27-7*
Del latín *christianus*, 'seguidor, discípulo de Cristo' (del griego *christós*,
'ungido', aludiendo al Mesías). Popular en los países nórdicos (el antiguo nombre de Oslo era Cristianía), y últimamente también en España.
Variantes: *cat.* Cristià; *gall.* Cristián; *fr. ing. al.* Christian; *it.* Cristiano.
Christian Dior, diseñador de moda francés (1905-1957). Christian Barnard, cirujano
sudafricano, pionero en trasplantes de corazón (1922).

Cristino *On. 24-7*
Variante de Cristiano, y también se considera, acaso más usualmente,
como un diminutivo de Cristo.

Cristo   *On. 25-12*
Nombre cristiano, procedente del griego *christós*, 'ungido', aplicado al
Mesías. Usado por los primitivos cristianos, que consideraban que usar
el nombre de Jesús era irreverente.
Variantes: *cat.* Crist; *ing. al.* Christ.
Krzysztof Penderecki, compositor polaco (1933). Christo (Vladimir Javacheff), artista búlgaro nacionalizado estadounidense (1935).

Cristóbal   *On. 28-7*
Procede del griego *Jhristophoros* o *Jhristóbalos,* que significa en ambas
formas 'portador de Cristo', aludiendo a la leyenda del santo, que llevó a Jesucristo sobre sus hombros, lo que le ha valido ser patrono de
los viajeros y automovilistas. Este nombre empuja a quien lo lleva a
ser un buen conductor, navegante o piloto, también en su sentido metafórico de guía, expectativas confirmadas por el personaje que lo hizo
célebre, Cristóbal Colón, descubridor y «colonizador» de América.
Variantes: Tobal, Cris (hips.); *cat.* Cristòfol; *gall.* Cristovo; *al.* Christoph;
fr. Christophe; *ing.* Christopher; *it.* Cristóforo, Cristófano (hip. Tófano);
port. Cristovâo.
Christopher Wren, arquitecto británico (1632-1723). Christoph Gluck, músico alemán
(1714-1787). Cristóbal Halffter, compositor español (1930). Cristóbal Balenciaga, diseñador de moda español (1896-1971).

Cruz   *On. 14-9*
Nombre evocador de la pasión y muerte de Nuestro Señor Jesucristo
en la cruz (en latín, *crux*). Usado también como femenino.
Cruz Álvarez García, escultor venezolano (1870-1950). Cruz Martínez Esteruelas, político español (1932).

Cuauhtémoc *S/on.*
Procede del náhuatl *cuauh-(tli)témoc*, 'águila que baja', animal que para el pueblo nathua simbolizaba el Sol. Se usa en México, en honor del Cuauthémoc por antonomasia (h. 1496-1525), último emperador azteca.
Cuauthémoc Cárdenas Solórzano, político mexicano, hijo de Lázaro Cárdenas (1934).

Cucufate *On. 25-7*
Se ha propuesto el latín *Cucuphate*, quizá de *cucupha*, 'cofia', de donde *cucuphatus*, 'encapuchado', aunque es más probable que proceda de una lengua norteafricana. Popular en Cataluña.
Variantes: *cat.* Cugat.

Curcio *S/on.*
Probablemente concurren aquí dos apelativos: el latín *curtus*, 'cortado', 'mutilado', aplicado como mote, y el germánico *Kurt* (en latín medieval, *Kurcius*), derivado de *chun*, 'audaz'.
Variantes: *cat.* Curci, Curt; *al.* Kurt.
Kurt Waldheim, político austríaco, presidente de su país (1918). Kurt Suckert, conocido como Curzio Malaparte, escritor italiano (†1957).

Custodio *S/on.*
Del latín *custodio*, 'custodiar'. Evocador del misterio cristiano de la Eucaristía y del receptáculo de la Sagrada Forma.
Variantes: *cat.* Custodi.

D

Dabir *S/on.*
Antiguo nombre árabe, que alaba una de las virtudes más apreciadas en esa tradición onomástica: la capacidad de transmitir el saber y dar buen consejo. Significa 'maestro', o también, 'consejero'.

Dagoberto *On. 9-3*
Del germánico *daga*, 'claridad', y por extensión, 'día', y *berht*, 'ilustre, famoso', 'brillante' (v. Berto). Se llamaron así tres reyes merovingios, entre ellos Dagoberto II, rey de Austrasia y padre de santa Adela (s. VII). Variantes: *cat. fr. al.* Dagobert.
Georges Dagobert Cuvier, zoólogo y paleontólogo francés (1769-1832).

Dalmacio *On. 5-12*
Del latín *Dalmatius,* gentilicio de Dalmacia, región del Adriático.
Variantes: Dalmao; *cat.* Dalmaci, Dalmau; *it.* Dalmazio.

Dalton *S/on.*
Nombre anglosajón. Originariamente se trata de un topónimo; significa 'aldea del valle', o 'el que viene del pueblo entre montañas'.
Dalton Trumbo, escritor y guionista de cine estadounidense (1905-1976).

Dámaso *On. 9-12*
Tiene su origen en un nombre común griego: *dámasos*, 'domador'.
Dámaso Alonso, poeta, filólogo y crítico literario español (1898-1989).

Damián *On. 27-9*
Son dos los orígenes propuestos para este nombre. Parece derivar del griego *Damía,* diosa del crecimiento y la fertilidad, de donde se formó el adjetivo *damiános,* 'consagrado a Damia'. El culto a esta diosa se extendió por toda Grecia y llegó hasta Roma, donde Damia fue asimilada a la diosa de la agricultura Deméter, la Ceres romana. Otra etimología lo relaciona con el griego *damianós,* 'el que doma'. Pero es más probable el primer significado, que supone toda una llamada a la vida, consecuente con el ejemplo de san Damián, mártir por ejercer la medicina de modo gratuito. Junto con su hermano san Cosme es patrón de los cirujanos.
Variantes: *cat.* Damià; *eus.* Damen; *fr.* Damien; *it.* Damiano.
Damià Forment, escultor español (†1540). Damià Campeny, artista español (1771-1855).

Dan *S/on.*
Nombre de origen hebreo, *Dan,* 'justicia'. Encarnó este significado el patriarca bíblico Dan, hijo de Jacob y cabeza de una de las doce tribus de Israel, que pobló el norte de Palestina.

Daniel *On. 21-7*
Quienes así se llaman llevan escrito en el nombre su deseo de justicia. Procede del hebreo *Dan,* 'juez' o 'justicia', que con el sufijo posesivo *i* y la partícula *El,* alusiva a Yahvé, da el significado 'Dios es mi juez'. Su patrón, patriarca hijo de Jacob y Raquel que da nombre a un libro de la Biblia, es uno de los profetas mayores, muy apreciado en su tiempo por su sabiduría, por su don para interpretar los sueños y por su actuación ejemplar siempre a favor de las causas justas.
Variantes: Nel, Nelo (hips.); *eus.* Danel; *ing.* Daniel (hip. Dan); *it.* Daniele; *croata,* Danilo.

Daniel Defoe, escritor inglés (1660-1731). Niels Henrik Abel, matemático noruego (1802-1829). Neil Armstrong, astronauta estadounidense, primer hombre que pisó la Luna (1930). Daniel Barenboim, pianista y director de orquesta argentino (1942).

Dante *On. 23-1*

Contracción del nombre Durante o Durando, derivado, a su vez del *Thurhramn* nórdico, que significa 'el cuervo de Thor', por *Thur* o *Thor,* dios del trueno, y *hramn,* 'cuervo', animal profético en las leyendas célticas, símbolo de la creación en la mitología escandinava. Esta facultad de clarividencia pareció encarnarla el poeta toscano medieval que popularizó el nombre, Dante Alighieri, autor de *La Divina Comedia.*

Dante Gabriele Rosetti, pintor y poeta prerrafaelista inglés (1828-1882).

Darío *On. 19-12*

Muy ligado a la realeza del mundo antiguo, con tres reyes de Persia entre los siglos VI al IV antes de Cristo y un rey de Babilonia, este nombre otorga todavía hoy a su portador una notable pátina de exótico esplendor. Aunque según el historiador griego Herodoto significa 'represor', es más probable que proceda del persa *darayaraus,* 'activo'. En su forma actual ha influido, parece ser, la concurrencia con el nombre Arrio. Variantes: *cat. fr. ing.* Darius; *eus.* Dari; *it.* Dario.

Darius Milhaud, compositor de música francés (1892-1974). Dario Fo, actor y autor teatral italiano, en 1997 premio Nobel de Literatura (1926).

Dasha *S/on.*

Nombre ruso muy popular. Su origen, sin embargo, es griego; significa 'don de Dios', por lo que es equivalente de nombres como Teodoro, Natanael y Jonatán.

David *On. 29-12*
Encierra este nombre una de las más elevadas manifestaciones de la humanidad: el amor. Del hebreo *dawidh*, 'amado', y por evolución, 'amigo'. Tan bello es su sentido que se han creado para él muchos otros antropónimos, como Agapito, Amado, Erasmo, Filemón, Jalil o Pánfilo; pero es David el que ha tenido más fortuna; tanta, que en España lleva años a la cabeza de los preferidos. Además de su eufonía, a su éxito ha ayudado la figura del rey David, ejemplo de valor y buen gobierno, que ha sido visto por los artistas como modelo de juventud y belleza.
Variantes: Davis; *ast.* Daviz; *cat. fr. al. ing.* David (hips. Dave, Davy); *gall.* Davide; *eus.* Dabi; *it.* Dàvide; *árabe,* Daúd.
David Livingstone, explorador y misionero escocés (1813-1873). David Alfaro Siqueiros, muralista mexicano (1896-1974). David Ben Gurion, político israelí (1886-1973). David Lynch, director de cine estadounidense (1946). David Bowie, cantante británico (1947).

Davin *S/on.*
Nombre típico finlandés. Significa 'la luz de Finlandia'. Tiene gran aceptación su forma hipocorística Dav.

Delfín *On. 26-9*
De origen legendario, concita, con sólo pronunciarlo, un sinfín de imágenes atractivas. Del genitivo griego *delfínos,* 'del delfín', animal mítico relacionado con el poder benéfico del mar. Su presencia en la iconografía y en la toponimia es muy abundante: de la isla de Delfos al Delfinado francés; del Apolo Delfíneo al Cupido cabalgando sobre un delfín. Tuvo gran auge tras convertirse en el título de los hijos del rey de Francia.
Variantes: *cat.* Delfí; *eus.* Delbin; *fr.* Delphin, Dauphin; *it.* Delfino.
Delfín Cabrera, deportista argentino, campeón de maratón (1921-1981).

Demetrio *On. 21-11*
Adjetivación del nombre griego Deméter, diosa griega de la agricultura, que significa 'consagrado a Deméter'.
Variantes: Demetriano; *cat.* Demetri.
Dimitri Mendeleiev, químico ruso, creador de la tabla periódica (1834-1907).
Dimitri Shostakóvich, compositor y pianista ruso (1906-1975).

Denís *On. 9-10*
Hipocorístico de Dionisio, a través de la forma francesa *Denis*. Es el nombre del vitalista dios del vino, equivalente al romano Baco.
Variantes: *cat.* Denís; *ing.* Dennis; *fr.* Denis.
Denis Diderot, escritor y filósofo ilustrado francés, (1713-1784). Denis Quaid, actor de cine estadounidense. Dennis Hopper, actor y director de cine estadounidense (1936).

Deodato *On. 15-10*
Del latín *Deo datus*, 'dado por Dios'. Fórmula natalicia de buen augurio.
Déodat de Séverac, compositor del Lenguadoc (1872-1921).

Desiderio *On. 23-5*
Del latín *desiderius*, 'deseable', o, más bien, 'deseoso (de Dios)'.
Variantes: *cat. eus.* Desideri; *fr.* Didier, Désiré; *ing.* Desideratus; *al.* Desider.
Desiderio Erasmo, llamado Erasmo de Rotterdam, humanista holandés (h. 1467-1536). Didier Auriol, piloto francés, campeón de Fórmula 1.

Diego *On. 13-11*
En el origen de este nombre, hipocorístico de san Jaime (cuya abreviación dio *Sant-Yago*, y de ahí Santiago, Tiago, Yago y Diego), intervino la influencia del griego *didachós*, 'instruido, experto', y está detrás de la pa-

labra 'didáctica'. Latinizado como *Didacus*, se independizó de su forma original y afirmó su significado alusivo a la buena instrucción y capacidad artesanal de quienes lo llevan. Su patrón, san Diego de Alcalá, fue un franciscano que se ganaba la vida creando esculturas de manera y objetos de cestería; y un contemporáneo y tocayo suyo, san Diego alemán, se distinguió por su bondad, pero también por su arte como vidriero.
Variantes: *cat.* Dídac; *gall. port.* Diogo; *eus.* Didaka; *it.* Didaco.
Diego Rodríguez de Silva y Velázquez, gran maestro de la pintura español (1599-1660). **Diego Rivera**, pintor mexicano, figura principal del muralismo (1886-1957). **Diego Armando Maradona**, astro del fútbol argentino (1960).

Dino *S/on.*
Nombre hebreo de significación poco clara. Se ha propuesto a veces 'litigio, artificiosidad'. Suele usarse también como hipocorístico.
Dino Campana, poeta italiano (1885-1932). **Dino Buzzatti**, novelista italiano (1906-1972).

Diógenes *On. 6-4*
Nombre griego teóforo, incorporado por el cristianismo: *Dio genos*, 'que viene de Dios, engendrado por Dios'.
Variantes: *cat.* Diògenes; *al.* Diogenis; *it.* Diògene.
Diógenes el Cínico, filósofo griego maestro de Platón (413-327 a.C.).

Dionisio *On. 15-5*
Procede de *Dios Nysa*, es decir, 'dios de Nisa', localidad egipcia donde tenía un templo este dios de la embriaguez, las fiestas y las bacanales. Por Dionisios, la divinidad griega que personificaba estos ritos, se originó la palabra 'dionisíaco', en oposición a la claridad y lucidez de lo 'apolíneo'.
Dionisio Ridruejo, poeta y político español (1912-1975).

Domiciano *On. 9-8*
Nombre latino, derivación de *domus*, 'casa': *Domitianus*, que significa
'de la casa, doméstico', 'familiar'.

Domingo *On. 8-8*
Muy popular en la Edad Media, famoso por varios santos españoles, en es-
pecial Domingo de Guzmán, fundador de los dominicos. Del latín *domi-
nicus*, 'del señor', o sea, 'consagrado a Dios', como tal día de la semana.
Variantes: Domenjo; Mingo (hip.); *cat.* Domènec; *gall.* Domingos; *eus.*
Domiku; *fr.* Dominique; *ing.* Dominick; *al.* Dominik; *it.* Domènico.
Domènec Badia i Leblich, *Alí-Bei,* viajero y escritor español (1766-1818). Domenico
Scarlatti, músico siciliano (1685-1757). Domingo Ortega, torero español (1906-1988).

Donaciano *On. 6-9*
De *donatus*, 'dado', 'don', aludiendo al momento del nacimiento. Por
derivación adjetival pasa a Donaciano, 'de la familia de Donato'.
Donatien Sade, marqués de Sade, escritor y erotómano francés (1740-1814).

Donaldo *S/on.*
De origen gaélico, significa 'gobernante supremo', 'dueño del mundo'.
Variante Don (hip.); *ing.* Donald.

Donato *On. 21-5*
Procede del latín *donatus*, 'dado', aplicado a un recién nacido. La ex-
presión 'regalo, don' es frecuente en la onomástica.
Variantes: *cat.* Donat; *gall.* Donado, Doado.
Donato Bramante, arquitecto italiano (1444-1514). Donato di Niccolò di Betto Bardi,
Donatello, escultor italiano (1386-1446).

Doroteo *On. 9-9*
Este nombre señala a su portador como un elegido de la providencia.
Procede del griego *doro-theos*, donde el primer elemento, *doron*, significa 'regalo, don', y el segundo, *zeós*, que se transcribe *theós*, es la palabra griega para expresar la divinidad. Su significado es bien conocido:
'don de Dios'.
Doroteo Arango, *Pancho Villa*, revolucionario mexicano (1878-1923).

Douglas *S/on.*
Nombre gaélico, derivado de *dubh glas*, 'el de la corriente oscura'.
Douglas Fairbanks, actor de cine estadounidense (1883-1939). Douglas Sirk (Hans
Detlef Sierck), realizador de cine estadounidense, nacido en Alemania (1900-1987).

Duncan *S/on.*
Nombre escocés, que significa 'guerrero de la piel oscura'.
Formas hipocorísticas: Dune, Dunn.

Dustin *S/on.*
Nombre inglés de origen germánico. Significa 'luchador valeroso'.
Dustin Hoffman, actor de cine estadounidense (1937).

Dylan *S/on.*
Apellido anglosajón, posiblemente derivado del nombre de pila Dil,
antiguamente *Dulle*. Se ha especulado sobre su relación con el inglés
dull, en su acepción de 'bobo', 'alocado'.
Dylan Thomas, poeta galés en lengua inglesa (1914-1953).

Eberardo *On. 14-8*

Si el oso, animal muy recurrente en la onomástica germana, representaba para el antiguo mundo indoeuropeo el poder terrenal, el jabalí simbolizaba la autoridad espiritual. Este nombre teutón procede de *eber,* 'jabalí' (cf. latín *aper,* inglés *boar*) y *hard,* 'fuerte, audaz', y puede ser interpretado metafóricamente como 'príncipe audaz'. Por similitud fonética se identifica a menudo con Abelardo.
Variantes: Aberardo, Everardo; *fr.* Évrard; *ing.* Everard, Everett; *al.* Eberhard.
Eberhard Waächter, barítono austríaco (1929).

Edberto *On. 6-5*

Del anglosajón *Ecgbeorht,* por *ecg,* 'espada', y *beorht,* 'brillo, resplandor'. Significa 'el que brilla con su espada'. Según la tradición, se llamó así, en el siglo IX, el primer rey de toda Inglaterra, que corroboraba de este modo la promesa de gloria impresa en su nombre.

Edelberto *On. 24-2*

Forma anglosajona de Adalberto.
Variantes: *cat.* Edelbert; *it.* Edilbert.

Edelmiro *On. 24-3*

Del germánico *athal-miru,* que significa 'de nobleza insigne'.
Variantes: Adelmaro, Delmiro, Dalmiro; *ast.* Belmiro; *cat.* Edelmir.
Edelmiro Julián Farrell, militar y político argentino (1887-1982).

Eder *S/on.*
Nombre de origen vasco, *eder*, que significa 'bello', 'gracioso'.

Edgar *On. 8-7*
Variante inglesa antigua de *Edward,* o quizá del anglosajón *Eadgar,* por *ead,* 'propiedad, riqueza', y *gar,* 'lanza', interpretado como 'el protector de la comunidad'. Tiene entidad propia gracias a san Edgar el Pacífico, rey sajón del siglo X glorificado por su atractivo físico y su gallardía. Su leyenda se confundió más tarde con la del danés Ogiero, nombre portado por uno de los paladines de Carlomagno.
Variantes: Edgardo; *cat.* Otger; *fr.* Ogier; *al.* Otger; *it.* Oggero.
Edgar Allan Poe, poeta, narrador y crítico literario estadounidense (1809-1849).
Edgar Degas (Edgar-Hilaire-Germain De Gas), pintor y escultor francés (1834-1917).
Edgar Morin, sociólogo francés (1921).

Edmar *S/on.*
Nombre de origen teutónico. Significa 'ilustre por sus riquezas', por *ead,* 'propiedad, riqueza', y *maru,* 'célebre, insigne'.

Edmundo *On. 20-11*
Nombre de origen germánico, *hrod-mund,* que significa 'protector de la victoria'. Popular en los países anglosajones desde san Edmundo, arzobispo de Canterbory en el siglo XIII.
Variantes: *cat.* Edmon; *fr.* Edmond; *ing.* Edmond, Edmund; *al.* Edmund; *it.* Edmondo; *irl.* Eamon.
Edmond de Rostand, escritor francés (1868-1918). Edmund P. Hillary, alpinista británico, primero en coronar el Everest en 1953 (1919). Eamon De Valera, impulsor de la independencia irlandesa (1882-1975).

Eduardo   *On. 13-10*
Se proponen dos etimologías: la más aceptada señala en su origen los elementos germánicos *hrod, 'glorioso',* y *ward,* 'guardián', con lo que se interpretaría 'guardián digno de gloria'. Otra etimología lo deriva de *ead,* 'propiedad, riqueza', y *gar,* 'lanza'. Su forma anglosajona, *Edward,* ha tenido un lugar muy destacado en la historia de Inglaterra. La forma castellana derivó del latín *Edvardus,* leído 'Eduardus'.
Variantes: Duardos, Duarte; Lalo (hip.); *cat.* Eduard; *fr.* Édouard; *ing. al.* Edward, Edgar (hips. Ned, Ted, Eddie); *it.* Edoardo; *port.* Duarte.
Eduardo Chillida, escultor español (1924). Eduardo Dato, político español (1856-1921). Edvard Grieg, compositor noruego (1843-1907). Edward Kennedy Ellington, *Duke Ellington,* músico de jazz estadounidense (1899-1974). Eddie Merckx, ciclista belga, leyenda de este deporte (1945). Eduardo Mendoza, escritor español (1943).

Edwin   *S/on.*
Antiguo nombre germánico. Significa 'feliz amigo'.

Efrén   *On. 9-6*
Es un canto a la fertilidad. Variante siria más aceptada en el mundo de habla hispana del hebreo Efraín, derivado de *Ephrarahim,* 'muy fructífero', 'doblemente fructífero'. Se llamó así el hijo segundogénito del patriarca bíblico José, jefe de la tribu hebrea a la que dio nombre. En la actualidad ha crecido en popularidad por su bello e infrecuente sonido.
Variantes: Efraín, Efraím, Efrem, Efremio; *cat.* Efraïm; *ing.* Ephraim.
Efraín Huerta, poeta y periodista mexicano (1914-1982).

Egan   *S/on.*
Nombre de origen céltico, muy popular en Irlanda. Significa 'ardiente'.

Egidio *On. 1-9*
Nombre griego, traducible como 'protector' atendiendo a su origen en *aegis,* que es como se llamaba el escudo de Júpiter y Minerva, hecho con la piel curtida de la cabra Amaltea, nodriza del primero (*aíx,* 'cabra').
Variantes: Gil (hip.); *cat.* Egidi; *gall.* Exidio.
Egidio, *el conde Giles*, general galorromano y fundador de un reino independiente al norte de la Galia en el siglo v. Egidio R. Duni, compositor italiano del siglo XVIII.

Egmont *S/on.*
Nombre germánico, *aig-mund*, 'espada protectora'. Popular en los Países Bajos por Lamoral (1522-1568), conde de Egmont, propulsor de una revuelta contra Felipe II por la que fue preso y ejecutado. Su historia fue dramatizada por Goethe en 1787 y musicada por Beethoven en 1810.

Einar *S/on.*
Nombre noruego. Significa 'líder, adalid'.

Eladio *On. como Heladio*
Variante gráfica de Heladio.
Eladi Homs, pedagogo español (1886-1973).

Eleazar *On. 23-8*
Nombre bíblico del hijo de Aarón. Procede del hebreo *el-azar*, 'Dios ha ayudado'. Incorporado al santoral cristiano por un santo lionés. Al pasar al mundo latino, se convirtió en Lázaro.
Variantes: Eleázaro, Eliecer, Eliezer; *cat.* Eleàtzar; *eus.* Elazar; *port.* Elzeario.
Eleazar de Carvalho, compositor brasileño (1915). Jorge Eliecer Gaitán, abogado y político colombiano, líder popular radical (1903-1948).

Eleuterio *On. 20-2*
Nombre romano (*eleutheria*, 'libertad'), derivado del griego *Eleutherion*, por unas fiestas en honor de Júpiter Liberador. También es adjetivo, *eleutherios*, 'libre, que actúa como un hombre libre'.
Variantes: *cat.* Eleuteri; *gall.* Leuter, Outelo.
Eleuthère Irénée Dupont de Nemours, químico francés, colaborador de Lavoisier (1771-1834). Eleuterio Sánchez, *el Lute*, delincuente y abogado español.

Elías *On. 20-7*
Del nombre hebreo *Elia*, latinizado posteriormente en *Elías*. Teóforo por excelencia, está formado por la partícula *El* y la partícula *Iah*, sendas alusiones a Yahvé, nombre impronunciable por tabú religioso. Nombres de este género son frecuentes entre los judíos: Abdiel, Abdías, Amaniel, Amiel, Adonías, Abimélec, Joel, Eliú, Jebedías, Jehú, Jeremías, Joab.
Variantes: Elía, Elihú, Eliú; *cat. al.* Elias, Elies; *eus.* Eli; *fr.* Élie; *ing.* Elijah, Ellis; *it.* Elìa; *ruso*, Ilya.
Elias Canetti, escritor búlgaro-británico, en lengua alemana (1905-1994). Elia Kazan (Elia Kazanjoglus), director teatral y cinematográfico estadounidense de origen griego (1909).

Elicio *On. 16-10*
Sobrenombre dado en Roma al dios Júpiter (*Elicius*, 'el atraído por arte de magia', *elicit*). Con el tiempo acabó confundiéndose con Elifio y con Eligio, nombre místico, famoso por el santo franco del siglo VII.
Variantes: *cat.* Elici; *gall.* Elixio; *al.* Eligius; *it.* Eligio.

Elidio *On. 28-5*
Nombre griego, gentilicio de la *Helis*, comarca del Peloponeso.
Variantes: Elido; *cat.* Elidi; *gall.* Elido; *al.* Elidius; *it.* Elidio.

Elio *S/on.*
Variante de Elías, así como de Helio, procede del griego *Helios*, 'el Sol', aplicado a veces a los nacidos en domingo, el día solar.
Variantes: *cat.* Eli; *gall.* Elio; *fr.* Élie; *húng.* Elie.
Elio Antonio de Nebrija (Antonio Martínez de Cala), humanista español (1442-1522).
Elie Wiesel, escritor judío, obtuvo en 1986 el premio Nobel de la Paz (1928).

Eliseo *On. 14-6*
Del hebreo *El-i-shuah*, 'Dios es mi salud', portado por el célebre profeta compañero de Elías. Equivalente etimológico de Josué y de Jesúa.
Variantes: Elíseo; *cat.* Eliseu; *gall. it.* Eliseo; *eus.* Elixi.
Elisée Réclus, geógrafo y teórico francés del anarquismo (1830-1905). Eliseu Meifrèn, pintor español (1859-1940).

Elliot *On. como Elías*
Nombre teóforo de origen hebreo; significa 'Yahvé es Dios'.
Variantes: Eli, Eliot, Ellis.
Eliot Ness, agente del FBI, famoso por su lucha contra Al Capone (1903-1957).

Elmo *On. 4-4*
Variante de Ermo, a su vez contracción de Erasmo; usado asimismo como hipocorístico de Guillermo (en italiano *Guglielmo*). La partícula final del nombre, *helm*, se interpreta como 'protector'.

Eloy *On. 1-12*
Procede del latín *Eloy*, forma francesa de *Eligius*, 'elegido', a partir del verbo *eligere*, 'elegir', que dio también el castellano Eligio. También puede considerarse variante de Luis. Se encierra en este nombre la idea

de la predestinación, por lo que se empleó como un voto para que al recién nacido le fuera reservada la mejor de las fortunas. Su onomástica se celebra en honor de san Eloy (h. 590-660), orfebre francés que, además de por su bondad y carisma, fue admirado por la extrema calidad de sus trabajos, por lo que es patrón de los plateros y metalúrgicos.
Variantes: Eligio; *cat. eus.* Eloi; *gall.* Eloi; *fr.* Éloi.

Elson *S/on.*
Nombre hebreo. Significa 'hijo de Eli'.

Elton *S/on.*
Nombre anglosajón, de etimología incierta. Parece probable que derive de un topónimo del inglés antiguo, con el significado 'antiguo y poblado', o 'de la ciudad vieja'.
Variantes: Alden, Alton.
Elton John, cantante y compositor de música británico (1947).

Elvis *S/on.*
Derivación de *Helois*, masculino de Eloísa; o quizá del alemán *Helewidis*, 'sano', 'robusto'. Otra etimología lo entronca con el noruego arcaico, con el significado 'sabio', 'gran erudito'. Popularizado por el cantante estadounidense Elvis Presley (1935-1977), el «rey del rock». En los últimos años se ha introducido en España e Hispanoamérica.

Emerenciano *On. 23-1*
Del griego *hémeros*, que significa 'culto', 'civilizado', 'dulce, agradable', deriva del nombre de Hemerio o Emerio. Su gentilicio es Emerano, y el de éste, a su vez, Emerenciano.

Emerson *S/on.*
Tiene este nombre un origen discutido. De probable origen germánico, se ha interpretado como 'hijo de la fuerza', por asimilación al sustantivo *ermans,* 'fuerza'. Otra interpretación es 'hábil gobernante'.
Emerson Fitipaldi, legendario campeón brasileño de Fórmula 1.

Emeterio *On. 3-3*
Del griego *emein*, 'vomitar', que da *emeterion*, 'vomitivo', y por extensión, 'que rechaza, defensor' (cf. Alejandro). Por san Emeterio, hispano del siglo III, es popular en Barcelona, en la forma catalana Medir.
Variantes: *cat.* Emeteri, Medir; *eus.* Meder.

Emigdio *On. 5-8*
Poco claro su origen, que la leyenda sitúa en Tréveris. Se sugiere el griego *amygdale*, que significa 'almendra'. Se extendió sobre todo por la península italiana gracias a San Emigdio, obispo en Ascoli, en la región italiana de Las Marcas, martirizado a principios del siglo IV.
Variantes: Emidio; *cat.* Emigdi; *it.* Emidio.

Emil *S/on.*
Nombre de probable origen teutón. Significa 'enérgico', 'vital'.

Emiliano *On. 11-10*
Del latín *Aemilianus*, sobrenombre del segundo Escipión, el Africano, significa 'relativo a la familia de Emilio'.
Variantes: *ast.* Miliano; *cat.* Emilià; *eus.* Emillen; *gall.* Millán.
Emiliano, emperador romano del siglo III. **Emiliano Zapata,** líder popular y revolucionario mexicano (1883-1919).

Emilio *On. 28-5*
La familia Emilia tuvo gran relevancia en la historia de Roma, de ahí la provincia italiana de la Emilia y la Vía Emilia. El nombre es protolatino, tal vez etrusco, con el significado 'el que pertenece al bosque', aunque se ha querido relacionar con el latino *aemulus*, 'émulo', o con el griego *aimílios*, 'amable'. En países germánicos se ha mezclado con nombres con la partícula *amal*, como Amalberto o Amalarico.
Variantes: Emiliano; Mily (hip.); *cat.* Emili; *fr.* Émile; *ing. al.* Emil.
Emil Durkheim, sociólogo francés (1858-1917). Émile Zola, escritor naturalista francés (1840-1902). Emilio Aragón, actor y *showman* español (1959). Emilio Sánchez-Vicario, tenista español (1965). Emilio Alzamora, piloto de motocicletas español (1973).

Emmanuel *On. 22-1*
Nombre bíblico, procede del hebreo *Emmanu-El*, que significa 'Dios con nosotros'; sobrenombre que fue dado al Mesías.
Emmanuel Piré, *Caran d'Ache*, diseñador y caricaturista francés (†1909).

Eneka *On. como Íñigo*
Antigua forma eusquera de Íñigo, recientemente popularizada.

Enio *S/on.*
Variante masculina de Ena. También se usa la forma exótica Enyo.
Ennio Quirino Visconti, arqueólogo y político italiano (1751-1818).

Enoc *On. 1-3*
Nombre de un personaje bíblico, hijo de Caín y padre de Irad. Quizá provenga del hebreo *hanaku*, 'seguidor (de su padre)'. Otra interpretación es 'consagrado (a Dios)'.

Enrique *On. 13-7*
Evolución del germánico *heimrich*, 'casa poderosa', o, en otra interpretación, 'caudillo de la fortaleza' o 'príncipe de la casa'. Es uno de los nombres más universales, favorito en las casas reales de Castilla, Francia e Inglaterra. Es asimilado también a los escandinavos Haakón y Eric.
Variantes: Eimerico (forma antigua), Henrique; Quique (hip.); *cat.* Enric; *gall.* Henrique; *fr.* Henri; *it.* Enrico (hip. Arrigo); *ing.* Henry (hips. Harry, Henniker, Harrison); *al.* Heimrich (hip. Heinz); *neer.* Henk; *finés,* Heikki; *sueco,* Henrik; *húng.* Imre.
Enrico Caruso, legendario tenor italiano (1873-1921). **Harry S.Truman,** político estadounidense (1884-1972). **Enrique Granados,** compositor español (1867-1916). **Henri Cartier-Bresson,** fotógrafo francés (1908). **Henrik Ibsen,** dramaturgo noruego (1828-1906). **Enrico Fermi,** físico atómico estadounidense (1901-1954). **Imre Nagy,** político húngaro (1896-1958). **Harrison Ford,** actor de cine estadounidense (1942).

Epifanio *On. 21-1*
Nombre cristianorromano, alusivo al misterio de la Epifanía, 'manifestación': *epi-phainein*, 'brillar', 'mostrarse sobre', de donde el adjetivo *epiphanés*, 'que se muestra, visible', 'ilustre'. En la forma Epífanes fue anteriomente sobrenombre de Zeus y otros dioses.
Variantes: Pifa (hip.); *eus.* Epipani, Iakus, Irakus, Irkus; *al.* Epiphanius.
Epi (Juan Antonio San Epifanio Ruiz), jugador de baloncesto español (1959).

Erasmo *On. 2-6*
Del griego *erasmios*, 'agradable', 'gracioso', 'encantador', contraído en italiano en *Ermo* o *Elmo*, de donde la identificación con Telmo o Elmo, por Sant Elmo. Retomado gracias al humanista Erasmo de Rotterdam (1469-1536), humanista holandés que latinizó su nombre original, Desiderio.

Erico *On. 18-5*
El nombre germano es *Erich* procede de la voz primitiva *Ewarik*, de
ewa o *ea,* 'eternidad' (cf. el latín *aevum,* 'tiempo, eternidad', de donde
nuestro *evo* y el inglés *ever*) y *rik*, 'jefe, caudillo'. Significa 'regidor eter-
no'. Identificado con Enrique. Se usa también la forma germánica, Eric.
Popular en los países nórdicos por Erico IX, rey de Suecia y Dinamarca.
Variantes: Eurico, conocida en España por un rey visigodo; *cat.* Eric.
Erik Satie, compositor francés (1866-1925). Eric Rohmer (Maurice Schérer), cineasta
francés (1920). Erich Fromm, teórico de la psicología alemán (1900-1980). Eric
Clapton, cantautor estadounidense (1945).

Ermengardo *On. 4-9*
Nombre germánico, compuesto de *ermin* y *gar*, 'preparado para el
combate', o *gard*, 'jardín', ésta más propia de la forma femenina.
Identificado a menudo con Hermenegildo y con Armengol (de *Ermin-
Gaut*, donde el segundo componente es el nombre de una divinidad).

Erminio *On. 25-4*
Nombre germánico, formado con la voz *Ermin* (nombre de un semi-
diós, que acabó designando una tribu, los Ermiones), o quizá de *air-
mans*, que significa 'grande', 'fuerte'.
Variantes: Herminio, Ermindo; *cat.* Ermini, Hermini.

Ernesto *On. 7-11*
Sobre la importancia de llamarse así, Oscar Wilde escribió toda una
obra maestra de la dramaturgia, cuyo título juega con el sentido de la
palabra en inglés. Lo cierto es que quienes llevan este nombre tienen
un buen acicate para estar a la altura de lo que se espera de ellos, tan-

to si se acepta su origen germánico, *Ernust*, 'lucha, firmeza', interpretado 'excelente en el combate', como si se opta por la etimología popular inglesa, que lo asimila al adjetivo *earnest*, 'serio', 'sereno', 'educado'. Variantes: *cat. fr. ing.* Ernest; *eus.* Arnulba; *al.* Ernst.

Ernest Hemingway, novelista estadounidense (1899-1961). Ernest Rutherford, físico británico (1871-1937). Ernesto Guevara, llamado *Che,* mítico revolucionario sudamericano (1928-1967). Ernesto Sábato, ensayista y novelista argentino (1911).

Eros   *On. 23-2*
Nombre mitológico del dios del amor en Grecia: *Eros*, 'amor'.

Eros Ramazzotti, cantante italiano (1963).

Esaú   *S/on.*
Nombre bíblico, de *sea*, 'piel de cordero', por el aspecto piloso que presentó al nacer el patriarca Esaú, hijo de Isaac, quien vendió sus derechos de primogenitura a su hermano Jacob por un plato de lentejas.

Espartaco   *On. 22-12*
Posible gentilicio de *Spártakos*, ciudad de la Tracia, célebre por el gladiador que acaudilló una rebelión de esclavos contra Roma, brutalmente sofocada por Craso en 71 a.C. El movimiento obrero espartaquista de la Alemania de entreguerras se inspiró en este personaje. Variantes: *cat.* Espàrtac; *it.* Spàrtaco.

Estanislao   *On. 7-9*
Nombre polaco, formado con *stan,* 'campamento militar', y *slaf*, 'gloria', significa 'gloria del campamento'. Es famoso por san Estanislao de Kotska, obispo de Cracovia, Polonia, en el siglo XVI y patrón de su país.

Variantes: Estanis, Stan (hips.); *cat.* Estanislau; *ing.* Stanley; *it.* Stanislao; *al.* Stanislaus.

Estanislau Figueras, dirigente republicano español (1819-1882). Stan Laurel (Arthur Stanley Jefferson), *el Flaco,* actor de comedia estadounidense (1890-1965). Stanley Kubrick, cineasta estadounidense (1928-1999).

Esteban *On. 26-12*
Con este nombre, procedente del griego *stéphanos*, 'guirnalda, corona', o literalmente, 'lo que rodea, envuelve, ciñe o corona', se señala a quien lo lleva como alguien que cumple sus propósitos, motivo por el cual debe ser coronado, en señal de triunfo. Su patrón es el protomártir Esteban, cuyo nombre significa, así pues, primer héroe coronado del cristianismo. Variantes: *ast.* Estebano; *cat.* Esteve; *gall.* Estevo; *eus.* Estepan, Itxebe, Etxiban; *fr.* Étienne; *ing.* Stephen; *al.* Stefan; *it.* Stèfano; *neer.* Steven.

Esteve Monegal, artista e industrial español (1888-1970). Stéphane Mallarmé, poeta francés (1842-1898). Steven Spielberg, realizador de cine estadounidense (1947). Stevie Wonder, cantante y compositor estadounidense (1950). Stephen Hawking, cosmólogo británico (1942). Stephen King, autor de novelas de terror estadounidense (1946).

Estefan *On. como Esteban*
Forma antigua de Esteban, hoy resucitada, así como sus formas italianizante, Estéfano, y catalana, Esteve.

Euclides *S/on.*
Deformación de *Eu-kleidos*, que significa 'el de buena gloria'. En el mundo antiguo, esta acepción a la gloria se relacionaba con la conseguida por Euclides, célebre matemático griego del siglo IV antes de Cristo.

Euclides da Cunha, escritor e ingeniero brasileño (1866-1909).

Eudaldo *On. 11-5*
Nombre germánico: *hrod-ald*, que significa 'gobernante famoso'. En Cataluña, con la forma *Eudald,* es donde tiene mayor aceptación.
Eudald Serra i Buixó, eclesiástico y escritor español (1882-1967).

Eufemio *On. 16-9*
La elocuencia era una cualidad muy valorada por los griegos; por ello, este significado, por *eu-phemía*, 'de buena palabra', es compartido por muchos otros, como Anaxágoras, Crisóstomo o Eulogio. También se interpreta como 'de buena reputación', sinónimo entonces de Eudoxio.

Eufrasio *On. 15-5*
Nombre latino aplicado como gentilicio a la comarca del río Éufrates, en Mesopotamia. Alude también a la palabra griega *euphrasía*, 'alegría', 'sentimiento festivo'. Es igualmente nombre de flor.

Eugenio *On. 8-7*
Así se proclama la buena casta o el origen noble del recién nacido. De *eu-genos*, 'bien engendrado', interpretado como 'de buen linaje'.
Variantes: Geño (hip.); *cat.* Eugeni; *gall.* Euxenio, Uxío; *eus.* Eukeni; *fr.* Eugène; *ing.* Eugene; *al.* Eugen.
Eugène Delacroix, artista francés (1798-1863). Eugeni d'Ors, *Xènius*, escritor y filósofo español (1881-1954). Eugène Ionesco, dramaturgo francés de origen rumano (1912-1994).

Eulogio *On. 11-3*
Nombre griego: *eu-logos*, 'de buen discurso, buen orador'. Por similitud fonética es identificado a veces con Eloy, totalmente distinto.
Variantes: *ast.* Oulogio; *cat. eus.* Eulogi; *gall.* Euloxio, Uloxio; *it.* Eulògio.

Eurico *S/on.*
Nombre germánico, de la raíz *ehu*, 'fuerza', con la terminación *ric*, que significa 'poderoso, rico'.
Eurico, rey visigodo, autor de un famoso código de leyes (420-484).

Eusebio *On. 2-8*
Proviene del griego *Eusébios*, de *eu*, 'bien, bueno', y *sébas*, 'piedad'. Su significado se amplió hasta el más general de 'irreprochable', en alusión a aquél que con sus obras honra a sus padres y a Dios. En este nombre se resumen las virtudes que la cultura cristiana ha tenido como fundamentales: la piedad, el amor y el respeto hacia el prójimo. Pero también hace referencia a la *virtus* ensalzada por el paganismo, hasta el punto que *Pius*, su equivalente latino, y nombre predilecto de los Papas, era también el sobrenombre con el que Virgilio ensalzó la calidad humana del troyano Eneas, nada menos que el fundador de Roma.
Variantes: *cat.* Eusebi; *fr.* Eusèbe; *ing. al.* Eusebius.
Eusebi Güell, industrial español, mecenas de Antonio Gaudí (1846-1918). Eusebio Poncela, actor de cine español (1949).

Eustacio *On. 28-7*
Del griego *eu-sthakos*, 'bien plantado', 'bien instalado'. En la práctica, sinónimo de Eustadio (*eu-stadios*, 'que se mantiene en pie').
Variantes: *cat.* Eustaci; *ing.* Eustace; *it.* Eustazio.

Eustaquio *On. 20-9*
Del griego *eu-stachys*, que significa 'cargado de espigas', o sea, 'fecundo'.
Variantes: *cat.* Eustaqui; *fr.* Eustache; *ing.* Eustachius; *it.* Eustachio.
Eustache Descamps, poeta medieval francés (1346-1406).

Eustasio   *On. 2-6*
Del griego *eustasios*, 'estabilidad, firmeza' (cf. Constancio).
Variantes: *cat.* Eustasi; *al.* Eustathius.
José Eustasio Rivera, novelista colombiano (1889-1928).

Evan   *On. como Juan*
Forma gaélica de Juan. Otros etimologistas le dan el significado de 'joven'.
Variante: Ewan.
Ewan Gordon McGregor, actor de cine británico (1971).

Evandro   *S/on.*
Nombre de origen griego. Significa 'benefactor'.

Evangelino   *S/on. scc. Evangelista*
Nombre cristiano, evocador de los santos Evangelios. Procede del griego *eu-angelon*, que significa 'buena nueva'.

Evangelista   *On. 27-12*
Abreviación del nombre de San Juan Evangelista. Con el mismo origen que la palabra *Evangelio* (del griego *eu-angelon*, 'buena nueva').
Evangelista Torricelli, físico y matemático italiano (1608-1647).

Evaristo   *On. 26-10*
Del griego *eu-arestos* (*aristos* significa 'selecto', de donde la palabra 'aristocracia'). El nombre significa, por tanto, 'bueno entre los mejores', 'complaciente, agradable'.
Evaristo Carriego, poeta y dramaturgo romántico argentino (1883-1912). Évariste Galois, matemático francés (1811-1882).

Evelio *On. 11-5*
Masculinización de Eva, concurrente con el germánico *Eiblin*, con Avelino y, quizá, con el adjetivo griego *euélios*, 'bien soleado, radiante'.
Variantes: Evelino; *cat.* Eveli.
Evelyn Arthur Waugh, escritor británico (1903-1966).

Everardo *On. 22-6*
Nombre germánico, considerado a veces una variante de Eberardo o de Abelardo. Su significado literal, por *euforhard*, es 'verraco fuerte'.
Variantes: Evrardo; *cat. ing.* Everard; *fr.* Évrard.

Ezequías *On. 20-8*
Nombre de origen hebreo, de *hezeq*, 'fortaleza', y *Yah*, significa 'la fortaleza de Yahvé' o 'Yahvé es mi fuerza'.

Ezequiel *On. 10-4*
Del hebreo *hezeq-iel*, 'fuerza de Dios'. Nombre del profeta bíblico, hijo de Buzi, anunciador de la ruina de Jerusalén. El prefijo *ezr* o *hezeg*, 'fuerza', aparece en nombres bíblicos como Ezra, Ezequías o Israel.
Variantes: *cat.* Exequiel; *eus.* Ezekel; *fr.* Ézéchiel.
Ezequiel Martínez Estrada, poeta, ensayista y dramaturgo argentino (1895-1964).

Ezra *S/on.*
Nombre hebreo moderno, significa 'fuerza (de Dios)'; es, por tanto, sinónimo de nombres como Israel y Esdras.
Ezra Pound, poeta y ensayista estadounidense (1885-1972).

F

Fabián *On. 20-1*

Del latino *Fabianus*, gentilicio de Fabio. La Fabian Society, fundada en honor de Fabio Cunctator, desempeñó un papel de primer orden en la Inglaterra de principios de siglo como antecedente del partido laborista. Variantes: *cat.* Fabià; *eus.* Paben; *fr.* Fabien; *ing. al.* Fabian.

Fabià Estapé, economista y político español (1923). Fabià Puigsever, escenógrafo y director teatral español (1938-1991).

Fabio *On. 31-6*

Del nombre de familia romano *Fabius*, y éste, de *faba*, 'haba', legumbre de primer orden en la alimentación romana. Caído en desuso tras las invasiones bárbaras, retomó su popularidad con el Renacimiento.

Fabio Capello, entrenador de fútbol italiano.

Fabricio *S/on.*

La *gens* romana *Fabricius* se originó en la voz latina *faber*, 'artífice' o 'artesano'. El cirujano alemán Fabrice de Hilden (1560-1636) hizo honor a su nombre, en tanto creador de la cirugía científica en su país.

Facundo *On. 27-11*

Del latín *facundus*, 'que habla con facilidad'. Siendo la elocuencia una cualidad muy valorada en el mundo clásico, son multitud los sinónimos de este nombre, como Arquíloco, Crisólogo, Eufemio o Farabundo. Variantes: *cat.* Facund; *gall.* Fagundo; *eus.* Pakunda.

Fadil *S/on.*
Nombre árabe muy extendido. Significa 'generoso', en alusión a una virtud coránica principal, por lo que a veces se interpreta como 'virtuoso'.

Faida *On. 24-7*
Del germánico *faid*, 'desafío'. Aunque es nombre masculino, se emplea a menudo como femenino por concordancia.

Farabundo *S/on.*
Del latín *farabundus*, 'que habla, elocuente' (*farior*, 'hablar', de donde *in-fans*, 'que no habla', 'niño, infante'). Popularizado en los últimos años por el movimiento guerrillero sudamericano Farabundo Martí.
José Farabundo Martí, fundador de la guerrilla popular salvadoreña.

Farid *S/on.*
En árabe, este nombre pregona para su portador uno de los atributos de la divinidad, pues significa 'el único', 'el incomparable'. Por similitud fonética, en España *al-Farid* fue asimilado al nombre Alfredo.

Faruk *S/on.*
Este nombre árabe trata de atraer sobre quien lo lleva la virtud coránica del recto juicio. Significa 'el que distingue la verdad de lo falso'. El rey de Egipto Faruk I (1920-1965), cuyo reinado se caracterizó por la corrupción interna, es buena muestra de los límites de la onomástica.

Faustino *On. 15-2*
Gentilicio latino, *Faustinus,* de Fausto.
Variantes: *cat.* Faustí; *eus.* Paustin; *gall.* Faustiño; *ing. al.* Faustinus.

Faustin Soulouque, esclavo iletrado emancipado, presidente de Haití en 1847 y proclamado emperador con el nombre de Faustino I (1782-1867).

Fausto *On. 13-10*
Nombre cristiano-romano, del latín *faustus*, 'feliz'. Popularizado por el personaje de la obra homónima de Goethe, que tomó su nombre de la voz alemana *faust*, 'puño', latinizado erróneamente como *Faustus*.
Variantes: Faustino, Faustiniano; *cat.* Faust; *eus. fr.* Fauste; *al.* Faustus.
Fausto Coppi, ciclista italiano, gran figura de este deporte (1919-1960).

Faysal *S/on.*
Nombre árabe, que significa 'firme, terminante'. Esta expresión de rigor lo ha convertido en nombre predilecto de los reyes de Oriente Medio.
Variante: Faisal.

Federico *On. 18-7*
Pocos significados hay más bellos que el de este nombre: 'príncipe de la paz'. Su origen es casi una declaración de principios en una tradición onomástica como la germánica, que valoraba sobre todo el valor guerrero. Su forma antigua, gótica, es *Frithureiks,* de *frithu*, 'paz', y *reiks,* 'jefe, caudillo, poderoso'. Así se alude al poder ejercido por y para la paz, por lo que no sorprende que el nombre tuviese gran aceptación entre las casas reales de los países de lengua germánica, donde su significado podía ser entendido. Otros etimologistas proponen como primer elemento la palabra germana *frid,* 'protección, amparo, seguridad', que daría 'caudillo protector'.
Variantes: Fadrique; Fede (hip.); *cat.* Frederic; *gall.* Frederico; *eus.* Perderika; *fr.* Frédéric; *ing.* Frederic (hips. Fred, Freddy); *al.* Friedrich (hip. Fritz); *it.* Federigo; *port.* Frederico; *sueco,* Fredrik.

Fryderyk Chopin, compositor y pianista polaco (1810-1849). **Fred Astaire** (Frederic Austerlitz), bailarín y actor de cine estadounidense (1899-1987). **Federico García Lorca**, poeta y dramaturgo andaluz (1898-1936). **Federico Fellini**, cineasta italiano (1920-1993). **Federico Martín Bahamontes**, ciclista español (1929). **Freddie Mercury** (Frederick Bommi Bulsara), líder del grupo musical británico *Queen* (1946-1991).

Fedro   *S/on.*
Nombre mitológico, del griego *phaidimos*, 'brillante, ilustre' (de *phainein*, 'brillar'). Famoso por el trágico personaje femenino.
Variante: *cat.* Fedre.

Feliciano   *On. 9-6*
Gentilicio de Félix; significa 'alegre'. Con este nombre se desea una vida llena de dicha a su portador'.
Formas hipocorísticas: Chano, Feli.

Felipe   *On. 26-5*
Procede del nombre griego *Philíppos*, compuesto por *philos,* 'amigo', e *hippos*, 'caballos'. Significa por tanto, literalmente, 'amigo de los caballos', una cualidad que en la edad antigua era apreciada en extremo, puesto que hacía alusión a la condición, y al linaje, noble de quien la mostraba. Entre los persas, el antropónimo *Aspamistras* tenía idéntico significado, y varios reyes eligieron el nombre griego de Filipo en el Oriente Próximo colonizado por los macedonios. Aristocrático también durante la Edad Media, se popularizó en nuestro país por Felipe I el Hermoso, yerno de los Reyes Católicos, y daría nombre a cuatro reyes españoles más.
Variantes: Filipe, Filipo; *ast.* Celipe; *cat.* Felip; *fr.* Philippe; *ing.* Philip; *it.* Filippo (hip. Pippo).

Filippo di Ser Brunelleschi, arquitecto y escultor renacentista italiano (1377-1446).
Felipe González Márquez, político y estadista español (1942). Felipe de Borbón y
Grecia, príncipe de Asturias, heredero del trono español (1968).

Félix *On. 14-1*

Este nombre es una manifestación de optimismo y un canto a la vida. Su
origen es claro, del latín *felix*, 'feliz', pero ambién 'fértil, feraz'. De hecho,
el antropónimo Félix es en su origen femenino, con una raíz *fe-*, que es
para la lengua latina la partícula femenina por excelencia, procedente del
indoeuropeo *dhe(i)-*, 'mamar, amamantar', y que encontramos en fecundo, 'lo que puede engendrar', en fémina, 'hembra, la que engendra',
en feto, 'lo engendrado' y en *filius,* 'hijo', o más propiamente, 'el ama-
mantado'. Nuestros antepasados cristalizaron su imagen de la alegría en
una mujer dando el pecho, y de ahí nacieron el nombre Félix y el sustantivo felicidad. Hasta setenta santos han sido felices con este nombre.
Variantes: Felio, Felío (tomadas también como variantes de Rafael);
cat. Fèlix, Feliu; *gall.* Fiz; *eus.* Peli; *ing. al.* Felix; *it.* Felice.

Felix Mendelssohn-Bartholdy, compositor alemán (1809-1847). Félix Rodríguez de la
Fuente, naturalista y divulgador científico español (1928-1980).

Fermín *On. 7-7*

Este nombre nos habla de firmeza, de resistencia y de seguridad.
Procede de *firmus*, adjetivo latino que ha dado 'firme' en castellano y
comparte familia léxica con el verbo *firmo,* 'fortalecer, rebustecer, consolidar' y con sustantivos como *firmitudo,* 'entereza, constancia' y *fir-
mamentum,* 'construcción sólida, cimiento, firmamento'.
Variantes: *cat.* Fermí; *gall.* Firmino; *fr. ing.* Firmin; *it.* Firmino.

Fermín Toro, escritor venezolano (1807-1865). Fermín Cacho, atleta español (1969).

Fernando *On. 30-5*

Nombre germánico para el que se proponen dos etimologías distintas. La forma española procede del latín *Ferdinandus,* pero tras ésta pueden estar tanto *Firthunands,* como *Fredenands.* En ambos casos, el segundo elemento es *nands,* 'osado, atrevido'. Pero el primer elemento es, o bien *firthu,* 'paz', que dio el alemán *Friede,* y se interpretaría como 'audaz en la paz', es decir, 'el que se aventura a todo para lograr la paz'; o bien *frad,* 'inteligencia', que daría 'inteligente y voluntarioso'. Tales atributos, la fina inteligencia, el espíritu emprendedor y la clemencia tras la victoria, son los que precisamente se reconocen a su patrón, san Fernando, o más propiamente, Fernando III el Santo (h. 1200-1252), el rey que fundó la Universidad de Salamanca y dio a la Reconquista el empujón decisivo. Variantes: Fernán, Hernando, Hernán; Nando (hip.); *ast.* Fernan; *cat.* Ferran; *gall.* Fernando, Fernán; *eus.* Perdiñanda, Erlanz; *fr. ing. al.* Ferdinand; *it.* Ferdinando, Ferrante.

Fernando Pessoa, poeta portugués (1888-1935). Fernando Rey, actor español (1917-1994). Fernando Fernán Gómez, director, actor y autor de cine y teatro español (1921). Fernando Botero, pintor y escultor colombiano (1932). Fernando Arrabal, dramaturgo español (1932). Fernando Rodríguez Trueba, director de cine español (1955).

Fidel *On. 24-4*

Ser digno de confianza es una virtud tan apreciada hoy como lo fue en la antigüedad. Llamar a alguien Fidel era reconocerle poseedor del don más valioso para construir tanto el pacto social, como la alianza divina: Fidel es el «hombre de buena fe», fiel para con Dios y fiable para con sus semejantes: en efecto, a partir del sustantivo *fides*, 'fe', se forma *fidabilis*, 'fiable', y, por contracción, *fidelis*, 'fiel'.

Variante: Fidelio.

Fidelio, personaje de la obra homónima de Beethoven, arquetipo del amor conyugal. Fidel Fita, historiador y eclesiástico español (1836-1917). Fidel Castro Ruz, revolucionario y dictador cubano, de origen gallego (1926).

Filemón *On. 21-3*

De *philémon*, 'amable, amigo', que parece derivación de *phileo*, 'amar'. Nombre griego vinculado a la fábula *Filemón y Baucis,* pareja de viejos enamorados que dieron albergue a Zeus y a Hermes.
Variantes: *cat.* Filemon; *gall.* Filemón; *eus.* Pillemon; *ing.* Phillemon.
San Filemón, discípulo de san Pablo y primer obispo de Colosos, en el siglo I.
Filemón, poeta cómico griego del siglo II a.C.

Filiberto *On. 20-8*

Del germánico *fili-berht*, 'muy famoso' (*fili*, 'mucho', como el actual alemán *viel* y *berht*, 'famoso', cf. Berto).
Variantes: *cat.* Filibert; *fr.* Philibert; *port.* Felisberto; *ing.* Fulbert.
Hippolyte Philibert Passy, político y economista francés, premio Nobel de la Paz en 1901. San Filiberto, religioso francés, fundador de tres monasterios en el siglo VII.

Filipo *On. 17-8*

Forma antigua de Felipe, del griego *Philippos*.
Variantes: *cat.* Filip; *gall.* Filipo; *al.* Philippos.
Filipo II, rey de Macedonia, padre de Alejandro Magno (382-336).

Filomeno *On. 14-11*

Del griego *philos-melos*, 'amante del canto' (*philos*, 'amigo'; *melos*, 'música, canto, melodía'), disimilación de su forma antigua, Filomelo.
Variantes: *cat.* Filomè; *eus.* Pillomen; *al.* Philomena; *it.* Filomeno.

Flavio   On. 11-5
Derivado del latín *flavus*, que significa 'amarillo', 'de cabellos rubios'.
Fue el nombre de dos dinastías de emperadores.
Variantes: Flavino, Flaviano.
Flavio Josefo (Joseph Ben Matías), historiador judío (38-100).

Florencio   On. 7-11
Derivado de Flor, procedente del latín *florens*, 'floreciente, en flor'.
Variantes: Florente, Florián, Floriano, Florentino. Hipocorístico: Lencho.
ast. Flurenciu; *cat.* Florenç, Florenci; *gall.* Frolencio (forma injertada
con Froilán); *eus.* Polentzi; *fr.* Florent; *al.* Florens; *it.* Fiorenzo.
Florencio Sánchez, escritor argentino (1875-1910).

Florentino   On. 20-6
Gentilicio latino, *Florentinus*, de Florente, por *florens*, 'en flor, florido'.
También lo es de Florencia, ciudad italiana.
Variantes: *cat.* Florentí; *eus.* Polendin; *fr.* Florentin; *it.* Fiorentino.

Floro   On. 24-11
Nombre latino, procedente del mitológico *Flora*, derivado de *flos*, 'flor'.
Variantes: Florio, Floris, Florindo; *cat.* Flori; *gall.* Floro; *al.* Floros.
Floris Osmond, metalúrgico francés (1849-1912).

Fortunato   On. 23-4
Del latín *fortunatus*, 'afortunado, favorecido por la fortuna'.
Variantes: Fortunio (por concurrencia con el germánico Ordoño); *cat.*
fr. al. Fortunat, Fortuny; *eus.* Portunata; *ing.* Fortunatus; *ing.* Fortune.
Marià Fortuny, pintor, grabador y dibujante español (1838-1884).

Francino *On. como Francisco*
Castellanización de Francí, variante catalana del antropónimo Francisco, usada especialmente en la Cataluña septentrional.

Francisco *On. 4-10*
Del italiano *Francesco*, 'francés', apodo dado por Bernardone de Asís a su hijo Juan por su afición a la lengua francesa. Este *poverello* de Asís lo convertiría en uno de los nombres más universales. Sólo en España hallamos los hipocorísticos Frasquito, Paco (oclusión de *Phacus*, y éste, contracción de *Phranciscus*; todo ello concurrente con el antiguo nombre íbero *Pacciaecus*, que dio Pacheco), Pancho, Pachín, Curro (por Franciscurro), Quico (por Francisquico) y Francis, entre otros.
Variantes: *ast*. Farruquin; *cat*. Francesc (hip. Cesc); *gall*. Farruco, Fuco (hips.); *eus*. Prantxes (hips. Patxo, Patxi); *fr*. François; *ing*. Francis (hip. Frank); *al*. Franz; *it*. Francesco (hips. Franco, Cecco); *húng*. Ferencz.
Francisco de Goya y Lucientes, pintor español (1746-1828). Francis Ford Coppola, director de cine estadounidense (1939). Frank Lloyd Wright, arquitecto estadounidense (1869-1959). Franz Kafka, escritor checo en lengua alemana (1883-1924). Frank Sinatra, cantante y actor estadounidense (1916-1998). Paquito Fernández Ochoa, esquiador español (1950). Paco de Lucía (Francisco Sánchez Gómez), guitarrista español (1947).

Franklin *On. como Francisco*
Diminutivo de Frank, derivación del medio inglés *frankeleyn*, éste del latín *francus*, que a su vez procede del germánico *francus*, 'libre, franco', o también 'dueño de una propiedad'. Apellido anglosajón en un principio, el prestigio del político e inventor norteamericano Benjamín Franklin (1706-1790) lo convirtió en nombre de pila.
Franklin Delano Roosevelt, político demócrata estadounidense (1882-1945).

Frido *S/on.*
Variante de Fred, forma hipocorística anglosajona de Federico, e hipocorístico a su vez de diversos nombres con la partícula germánica *fridu*, que significa 'paz'.
Variante: Friedo.

Froilán *On. 5-10*
Nombre germánico, derivación de *frauji*, 'señor', y, tal vez, *land*, 'tierra, país', significa 'señor del país'. En su variante Fruela, es nombre de las casas reales españolas de Asturias y León.
Variantes: Fruela, Friolán, Froylán; *cat.* Froilà.
Felipe Juan Froilán, primogénito de la infanta Elena de Borbón (1997).

Fructuoso *On. 23-1*
De origen latino, *Fructuosus*, 'que da fruto', derivado de *fructus,* 'fruto', y, éste, a su vez, de *fruor,* 'tener el usufructo', 'gozar de los frutos'.
Variantes: Frutos, Frutoso, Fructidor (tomado del duodécimo mes del calendario republicano francés), Frúctulo; *ast.* Frichoso; *cat.* Fructuós; *gall.* Froitoso; *eus.* Prutos; *it.* Fruttoso.

Fulgencio *On. 16-1*
Del latín *fulgens*, 'refulgente, brillante, resplandeciente'. Famoso por un sabio hermano de san Leandro y de san Isidoro.
Variantes: *ast.* Xencio; *cat.* Fulgenci; *eus.* Pulgentzi; *gall.* Fulxencio.
Fulgence Bienvenue, ingeniero francés, impulsor del metro de París (1852-1936).

Gabino *On. 19-2*

Es éste un nombre con estilo. Su origen hay que buscarlo en el gentilicio de Gabio, pueblo del Lacio, entre Roma y Preneste, cuyos habitantes se distinguían por vestir de una manera peculiar, *Gabino ritu cinctus,* es decir, «ceñido según el rito gabino». Muy popular en Italia, todavía es en la actualidad uno de los nombres sardos más elegidos.
Variantes: Gabinio, Gavino; *cat.* Gabí; *eus.* Gabin.

Gabino Diego, actor de cine español (1968).

Gabriel *On. 29-9*

Nombre hebreo; compuesto de *gabri,* posesivo de *gebar,* 'hombre', en asirio 'mi héroe', con el sentido de 'mi protector', y *El,* 'Dios'. Su significación varía entre 'mi fuerza o mi protección es Dios' y 'el héroe o el varón de Dios'. Ambos significados coinciden con los atributos del arcángel bíblico anunciador de la maternidad de María, en quien los judíos vieron el gran poder o la fortaleza propia del enviado de Dios.
Variantes: Gabi (hip.); *eus.* Gabirel; *it.* Gabriele; *húng.* Gabor; *ruso,* Gavril.

Gabriel Alomar, escritor y político mallorquín (1873-1941). Gabriel Celaya (Rafael Múgica), poeta español (1911-1991). Gabriel Ferrater, escritor y lingüista español (1922-1972). Gabriel García Márquez, novelista colombiano (1928), premio Nobel de Literatura en 1982.

Gail *S/on.*

Antiguo nombre británico. Significa 'amable, adorable'.
Variantes: Gale, Gayle.

Gaizka   *On. como Salvador*
Forma eusquera de Salvador.
Gaizka Mendieta Zabala, jugador de fútbol español (1973).

Galileo   *S/on.*
Nombre frecuente en Italia, hecho famoso por el sabio descubridor del
péndulo. Es gentilicio de la Galilea, la región del norte del Carmelo
donde se encuentra Nazaret, pueblo natal de Jesucristo (hebreo *galil*,
'región, distrito') y al igual que Nazareno, es usado en sustitución de
Jesús, como sinónimo de Salvador.
Variantes: *cat.* Galileu.
Galileo Galilei, médico, astrónomo y físico italiano (1564-1642).

García   *On. 29-9*
Antiguo nombre vasco, hoy relegado al terreno del apellido. De origen desconocido, tradicionalmente se ve en él la partícula del vasco-
ibérico *artz*, que significa 'oso'; pero es más probable que se trate de
un topónimo, como la mayoría de nombres vascos.
Variantes: Garsea, Garsias (prim.); Garci (hip.); *cat.* Garcia; *it.* Garzìa.
García Orta, sabio y viajero portugués (s. xvi). García Alvarez de Toledo-Osorio, marinero, soldado y político español (†1649).

Gary   *S/on.*
De etimología dudosa, procede probablemente del inglés antiguo y
significa 'el que lleva las lanzas', por *gar,* 'lanza'. Puede ser también
aféresis de nombres tradicionales, como Garibaldo o Gariberto.
Gary Cooper (Frank C. Cooper), actor cinematográfico estadounidense (1901-1961).
Gari Kímovich Kaspárov, maestro ajedrecista ruso (1963).

Gaspar *On. 6-1*
De origen incierto, puede ser deformación del sirio *Gushnassaph*, pero está más aceptado su origen en el persa *Kansbar*, 'tesorero, administrador del tesoro'. Su patrón, el rey mago Gaspar, representó ante Jesús, según la tradición, a los hijos de Jafet, es decir, a las razas blancas, persas, indios y europeos. Así, tiene también el sentido de 'mensajero del mundo'.
Variantes: *eus.* Gaxpar; *fr.* Gaspard; *ing.* Jasper, Caspar; *it.* Gàspare.
Gaspar de Guzmán y de Fonseca, conde-duque de Olivares (1587-1645), valido del rey Felipe IV. Gaspar Melchor de Jovellanos, escritor y político español (1744-1811). Caspar D. Friedrich, pintor romántico alemán (1774-1840).

Gastón *S/on.*
Nombre de origen francés. Posiblemente sea una deformación del gentilicio *gascon*, 'de la Gascuña, gascón' o del vasco Gaston, que significa 'región del peñasco elevado'. Otras interpretaciones lo relacionan con el germánico *gast*, que significa 'forastero, huésped'.
Variantes: *cat.* Gastó; *fr. al.* Gaston; *it.* Gastone.
Gaston Phoebus, conde de Foix (1331-1391). Gaston Lerroux, novelista francés (1846-1916). Gaston Deferre, político francés (1910).

Gavin *S/on.*
Tiene su origen en el antiguo idioma galés, y significa 'águila guerrera', símbolo solar y ascencional en la mitología céltica.

Gedeón *On. 1-9*
Nombre hebreo, de *gid'on*, quizá 'valentón'. Puede proceder de *gedehon*, 'el que rompe, que humilla'.
Variantes: *cat.* Gedeó; *gall.* Xedeón.

Genaro *On. 19-9*
La grafía etimológicamente más correcta es Jenaro, pues deriva del mes de enero, en latín *Januarius*, con el cual el año abría su puerta o *janua*. Era aplicado a los niños nacidos en este mes.
Variantes: *cat.* Gener, Genari; *eus.* Kenari; *gall.* Xenaro; *al.* Januarius; *it.* Gennaro.

Geneveo *On. 20-7*
Forma masculina de Genoveva, feminizada a su vez posteriormente.
Variantes: Gene (hip. popular en países anglosajones); *cat.* Geneveu.
Gene Kelly, actor y coreógrafo estadounidense (1912-1996). **Gene Hackman**, actor de cine estadounidense (1930). **Gene Amdahl**, ingeniero estadounidense, diseñador del PC (1927).

Genís *On. como Ginés*
Forma catalana de Ginés.

Genovevo *On. 3-1*
Procede de las voces germánicas *gen*, 'origen', y *wifa*, 'mujer', con el sentido de 'nacido de mujer', pero más tarde fue injertado con el significado de la voz galesa *gwenhuifar*, 'ola blanca' o 'blanca como la espuma del mar', lo que la hace equivalente del nombre Ginebra. En su forma femenina, es un famoso nombre medieval.
Variantes: Junípero, Ginebro; *cat.* Geneveu.

Gentil *On. 5-9*
Del latín *gentilis*, 'de la misma *gens*', es decir, 'familiar'. Significa asimismo, paradójicamente, 'gentil, pagano', y por extensión, 'extranjero'.
Gentile Bellini, pintor veneciano, hijo de Jacopo (1429-1507).

Geraldo *On. 27-12*
Aunque este nombre teutón parece una variante gráfica de Gerardo, lo cierto es que tiene entidad propia, como evolución de *Gerald*, compuesto de *ger,* 'lanza' y *(w)ald,* 'mando, gobierno', que significa 'el mandato de la lanza' o 'el que gobierna por la lanza'.
Variantes: Giraldo; *cat.* Gerald; *eus.* Keralta; *gall.* Xiraldo, Xeraldo.
Gerald Durrell, novelista británico (1925-1995). Gerald Edelman, bioquímico estadounidense (1929), premio Nobel de Medicina de 1972.

Gerardo *On. 7-10*
Nombre típicamente germánico, alusivo al valor guerrero de quien lo lleva. Su origen es *Gairehard*, compuesto de *ger,* 'lanza', y de *hard,* 'atrevido'; se interpreta como 'audaz con la lanza'. También es posible otra etimología, que propone para el primer elemento la palabra *ward,* 'guardián', y daría 'guardián osado o valiente'. Aunque suelen confundirse, Gerardo y Geraldo son nombres etimológicamente distintos.
Variantes: Girardo; *cat.* Gerard, Garau, Grau, Guerau; *gall.* Xerardo; *eus.* Kerarta; *ing.* Gerard (hips. Garry, Jerry); *it.* Gherardo (hip. Gaddo).
Gerardo Diego, poeta y crítico literario español (1896-1987). Gerry Adams, líder nacionalista irlandés (1948). Jerry Lewis, actor de cine estadounidense (1926). Gérard Depardieu, actor de cine francés (1948). Gerhard Schröeder, político socialdemócrata alemán (1944).

Gerásimo *On. 5-3*
Quizás sea una adjetivación del griego *geras*, 'anciano'; pero es más probable que sea una deformación del adjetivo griego *gerásimos*, 'honorable, digno de respeto', por el premio o recompensa que se les otorgaba a los caudillos de los ejércitos victoriosos.
Variantes: *cat.* Geràsim; *al.* Gerasimos.

Germán *On. 28-5*
Guerra y paz parecen ir de la mano en este nombre de origen incierto. Es apócope del latín *germanus*, que es como llamaban en Roma a las tribus bárbaras que habitaban Germania, allende las lindes del Imperio. Puede ser adaptación de *webr-mann*, 'hombre o pueblo que se defiende', de *beer-mann*, 'guerrero' o de *gair-mann*, 'hombre de la lanza', con una notable connotación bélica; pero también se ha defendido el significado 'hombre o pueblo vecino', consolidado por la asimilación a la voz 'hermano', que refuerza la alusión a la concordia y la paz.
Variantes: *cat.* Germà; *gall.* Xermán; *eus.* Kerman; *fr.* Germain; *ing.* German; *it.* Germano; *galés,* Garmon.
San Germán de Auxerre, obispo francés del siglo IV que dio nombre al barrio parisiense de Saint-Germain-des-Près.

Gerson *S/on.*
Nombre de origen hebraico. Significa 'extranjero', 'peregrino'.

Gervasio *On. 19-6*
Variante de Girbal, procedente del germánico *gair-bald*, que significa 'audaz con la lanza', aunque seguramente influido por el griego *gerásimos*.
Variantes: *cat.* Gervàs, Gervasi; *gall.* Xervasio; *eus.* Kerbasi; *fr.* Gervais; *ing.* Gervase (hip. Jervis); *al.* Gervasius; *it.* Gervaso.

Getulio *On. 10-6*
Del latín *gaetulus*, nombre de una tribu norteafricana, los gétulos (de origen incierto, quizá derivación de *gaesus*, 'dardo').
Variantes: Gétulo; *cat.* Gètul, Getuli.
Getulio Vargas, político brasileño, presidente de su país (1882-1954).

Ghalib   *S/on.*
Nombre árabe, equivalente al latino Vicente. Significa 'vencedor'.

Gil   *On. 1-9*
Forma moderna de Egidio, popular en España durante el Renacimiento.
Variantes: *gall.* Xil; *eus.* Egidi; *fr.* Gilles; *ing.* Giles; *al.* Egid; *it.* Gilio.
Gilles de Roma, llamado Egidio Romano, teólogo italiano (1243-1316). Gil Alvarez de Albornoz, cardenal y político español (1303-1367).

Gilberto   *On. 6-6*
Del germánico *Gislberht*, 'famoso con la flecha, buen arquero', por la unión de *gisl,* 'lanza', y *berth,* 'resplandor'. Nombre popular en Francia, algo abandonado últimamente.
Variantes: Gisberto, Gisilberto, Giberto, Quildeberto; *cat.* Gilbert; *gall.* Xilberto; *fr. ing.* Gilbert; *al.* Giselbert.
Gilbert K. Chesterton, escritor inglés (1874-1936). Gilberto Freyre, escritor brasileño (1935). Gilbert Bécaud, cantautor francés (1927-1996).

Gilles   *S/on.*
Nombre francés de origen griego. Significa 'escudero'.
Variantes: Gill, Giles.

Ginés   *On. 25-8*
Del latín *Genesius*, y éste del griego *genesis*, 'origen, nacimiento', *Genesios*, 'protector de la familia'. Aunque se ha señalado el parentesco con el latín *genista*, 'retama', y también 'enhiesto, derecho' (visible en los nombres de la forma catalana *Genís* y de la planta, *ginesta*).
Variantes: Genesio; *cat.* Genís; *gall.* Xes, Xinés; *eus.* Giñes; *fr.* Genès.

Gino   *On. como Luis*
Nombre italiano, aféresis de *Luigino*, diminutivo de Luisa, aunque
puede ser derivado de otros nombres con la misma terminación.
Gino Severini, pintor y muralista italiano (1883-1966). **Gino Favalli**, ciclista italiano.

Giotto   *S/on.*
Hipocorístico medieval italiano de nombres como *Ambrogiotto* o
Angiolotto (formas de Ambrosio y Ángel, respectivamente). Continúa
su popularidad por el prestigio del pintor medieval.
Giotto di Bondone, pintor florentino (1267-1337).

Glenn   *S/on.*
Variante de Glendo, nombre irlandés tomado del gaélico *gelann*, que
significa 'valle'.
Glenn Miller, músico estadounidense (1904-1944). **Glenn Ford** (Gwyllyn Samuel
Newton), actor de cine estadounidense de origen canadiense (1916).

Godelivo   *On. 6-7*
Del germánico *God-leuba*, 'amado por Dios'. Por concurrencia, es
identificado con Godivo. Es sinónimo de Godolevo.

Godofredo   *On. 8-11*
Nombre de origen germánico *Gottfried*, 'paz de Dios'. Se extendió por
Europa por la fama del noble Godofredo de Bouillon, protector de los
lugares santos tras la primera Cruzada (1061-1110).
Variantes: *cat.* Godofred; *eus.* Godepirda; *fr.* Geoffroy; *ing.* Godfrey.
Geoffrey Chaucer, escritor medieval inglés (1349-1400). **Gottfried Wilhelm Leibniz**,
filósofo alemán (1646-1716).

Gonzalo *On. 25-11*
Nombre de incuestionable estirpe germánica, pues en él se aglutinan dos de las alusiones más caras a esta tradición onomástica: el valor guerrero y los elfos, misteriosos espíritus de la naturaleza que, según la mitología nórdica, habitan los bosques brumosos. Su forma antigua, Gonzalvo, es contracción de Gundisalvo, del germánico *Gundisalv,* de *gundis,* 'lucha', y el gótico *alfs,* 'elfo'. Puede traducirse como 'el duende o el genio de la batalla'. Otra etimología posible lo hace compuesto de *gundis,* 'lucha'; *all,* 'todo', y *vus,* 'preparado', y daría 'guerrero totalmente dispuesto para la lucha'. Ambos significados fueron muy gratos a los pueblos godos, que sintieron predilección por el nombre, como demuestra la abundancia de su patronímico, González. Esta llamada al valor inscrita en el nombre fue obedecida, entre otros, por Gonzalo Fernández de Córdoba (1453-1515), llamado *el Gran Capitán,* auténtico genio militar que puso los cimientos del ejército moderno.
Variantes: Chalo (hip.); *cat.* Gonçal; *fr.* Gonsalve; *it.* Consalvo.
Gonzalo Torrente Ballester, novelista y crítico literario español (1910-1998). Gonzalo Suárez, escritor y director de cine español.

Gordon *S/on.*
Nombre anglosajón. Significa 'el de la colina esquinada'.
Gordon Matthew Sumner, conocido como *Sting,* cantante y músico británico (1949).

Gorka *On. como Jorge*
Forma eusquera de Jorge.

Gotzon *On. como Ángel*
Forma eusquera de Ángel.

Graciliano *On. 18-12*
Del latín *Gracilianus*, gentilicio de Gracia.
Variante: *cat.* Gracilià.

Graco *S/on.*
Del latín *gracilis*, que significa 'grácil', 'delgado, esbelto'. Nombre de una familia noble romana, famosa por los hermanos Tiberio Sempronio Graco y Cayo Sempronio Graco, defensores de los derechos de los plebeyos romanos en el siglo II a.C.
Gracchus Babeuf, teórico y revolucionario francés (1760-1797).

Graham *S/on.*
Apellido escocés, derivado del topónimo *Grantham,* en Lincolnshire. Otros etimologistas lo consideran latino, con el significado de 'grano'.
Alexander Graham Bell, físico británico, inventor del teléfono (1847-1922). Graham Greene, novelista y periodista británico (1904-1991).

Gregorio *On. 20-11*
Del verbo griego *gregoréo*, 'vigilar, estar en vela', derivado a su vez de *egeíro,* 'despertar, levantarse, velar', procede el adjetivo *gregórios,* 'atento, vigilante', considerado un atributo tan elogioso que acabó convirtiéndose en nombre propio, especialmente apreciado por la Iglesia, que encontró razones para canonizar a un gran número de sus portadores, empezando por san Gregorio I el Magno, teólogo de prestigio, que hizo honor a su nombre al estar atento y vigilante para sortear los peligros del cisma que en el siglo VI asediaban a la Iglesia.
Variantes: Goyo (hip.); *cat.* Gregori (hip. Gori); *gall.* Goro, Gorecho (hips.); *fr.* Grégoire; *ing.* Gregory; *al.* Gregor; *ruso,* Grigori (hip. Grisha).

Grigori Rasputin, monje y político ruso (1872-1916). Gregory Peck, actor de cine estadounidense (1916). Gregorio Marañón, médico y ensayista español (1887-1960). Gregory Pincus, descubridor estadounidense de la píldora anticonceptiva (1903-1967).

Gualterio   *On. 2-8*
Del germánico *wald-hari*, que significa 'el que gobierna el ejército' (*wald*; *hari*, 'ejército'). Una forma antigua del nombre, Gutierre, dio lugar al frecuente apellido Gutiérrez, 'hijo de Gutierre'.
Variantes: *cat.* Gualter, Gualteri; *ing. al.* Walter.

Guarnerio   *On. 18-4*
Nombre germánico, de *warin*, 'protector', y *hari*, 'ejército', significa, por tanto, 'ejército protector'. Es nombre habitual en Alemania.
Weerner von Fritsch, general alemán (1880-1939). Werner Heisenberg, científico alemán, premio Nobel de Física en 1932 (1901-1976).

Guido   *On. 12-9*
Del germánico *widu*, 'amplio, extenso' (de donde, el inglés *wide*). Tal vez proceda de *witu*, 'madera, bosque', que daría *wood*. Por similitud fonética, es asimilado a menudo a Vito y a Egidio o Gil, nombres que en realidad tienen orígenes bien distintos.
Variantes: Guidón; *cat.* Guiu; *al.* Wido.
Guido Reni, pintor italiano (1575-1642). Guido Ferracin, boxeador italiano.

Guifre   *On. 10-6*
Forma catalana de Wifredo.
Variante primitiva: Jofre.
Jofré I el Pilós, legendario conde de Barcelona (h. 840-897).

Guillem   *On. como Guillermo*
Forma catalana de Guillermo, castellanizada a su vez en el nombre o apellido Guillén.

Guillermo   *On. 25-6*
Nombre germánico, *Wilhelm,* de etimología clara, por la unión de *vilja,* 'decisión, voluntad' (que dio el alemán *Wille* y el inglés *will*) y *helm,* 'yelmo', y metafóricamente 'protección'. Puede interpretarse como 'protector decidido', o como 'aquel a quien su voluntad sirve de protección'. En cualquier caso, con este nombre se hace referencia a la fuerza de voluntad y a la facultad protectora de su portador, cualidades ambas muy gratas a la tradición onomástica teutona, por lo que el antropónimo ha sido siempre muy popular en los países anglogermánicos, en especial entre reyes y emperadores significados por su carácter voluntarioso, como si el nombre hubiese sido un acicate de su personalidad. Variantes: Guille (hip.); *cat.* Guillem; *gall.* Guillelme, Guillelmo; *eus.* Gilamu, Gillen; *fr.* Guillaume; *ing.* William; *neer.* Willem (hip. Liam); *al.* Wilhelm (hip. Wili); *it.* Guglielmo (hip. Memmo).
Guillermo el Mariscal, llamado «el mejor caballero del mundo» (h. 1145-1219). Guglielmo Marconi, físico italiano, pionero de la telecomunicación sin hilos (1874-1937). Guillaume Apollinaire (Wilhelm Apollinaris de Kostrowitzky), poeta surrealista y crítico de arte francés (1880-1918). Guillermo Cabrera Infante, escritor cubano (1929).

Gumersindo   *On. 13-1*
Viene del germánico *guma-swind,* 'hombre fuerte'. O tal vez el segundo elemento sea *-sind* y la interpretación, 'expedición de guerreros'. Variantes: Gumesindo; Gúmer, Sindo (hips.); *cat.* Gumersind.
San Gumersindo de Toledo, martirizado por los árabes en Córdoba (†852).

Gúnter *On. 30-9*
Procede de *gundi-hari*, 'ejército famoso', o *gundi-theud*, 'pueblo famoso'. Es el nombre de un rey burgundio en la *Canción de los Nibelungos*, muy corriente en Alemania y Suecia.
Variantes: Guntero, Guntario; *fr.* Gunther; *al.* Günter; *sueco,* Gunnar.
Günter Grass, escritor alemán, premio Nobel de Literatura en 1999 (1927).

Gustavo *On. 3-8*
Difícil de descifrar por su primer elemento, que puede ser *gund*, 'batalla', *gud,* 'dios', *gauz,* 'godo' o *kung,* 'rey' en sueco. El segundo es *staf,* 'cetro', 'bastón de batalla', por lo que entre las interpretaciones más aceptadas se hallan 'cetro real', o metafóricamente, 'el sostén de los godos'.
Variantes: Gus (hip.); *cat.* Gustau; *fr.* Gustave; *ing.* Gustavus; *al.* Gustaf, Gustav; *sueco,* Gustaf, Gosta.
Gustave Flaubert, escritor francés (1821-1880). Gustavo Adolfo Bécquer, poeta romántico español (1836-1870). Gustav Mahler, compositor austríaco (1860-1911). Gustave Klimt, pintor austríaco (1862-1918). Gustavo Gutiérrez, teólogo de la liberación peruano (1928).

Gutierre *On. como Gualterio*
Nombre germánico, procede de *Walthari,* y significa 'las huestes del mando'. Con estos mismos elementos (*walt,* 'gobierno' y *hari,* 'ejército'), pero invertidos, se forma el nombre Haroldo.
Variantes: Gualterio; *it.* Gualtiero; *al. ing.* Walter.
Gutierre de Cetina, poeta del Renacimiento español (1520-1557).

Guy *On. como Guido*
Variante de Guido. En francés antiguo, significa 'guía, conductor'.
Guy de Maupassant, escritor francés (1850-1893).

H

Habib *On. 15-11*
Nombre hebreo y árabe, procede del hebreo *jabib*. Significa 'amado'.
Variantes: Abib, Abibo.
Abibo, diácono y mártir en Edesa, Siria (†322). **Habib ben Alí Burguiba**, primer presidente de Túnez tras la independencia en 1957 (1903).

Halim *S/on.*
Nombre árabe. Significa 'amable, gentil'.

Hamid *S/on.*
Nombre árabe. Significa 'alabado'.
Variantes: Hamede, Hammad, Humaid, Jamid.

Haroldo *On. 1-10*
De *hari-ald*, 'pueblo ilustre' (de él deriva la palabra *heraldo*). Es un nombre germánico, llevado por diversos reyes noruegos, ingleses y daneses. El más famoso fue el que sucumbió en Hastings ante Guillermo (1066), de donde se siguió la invasión normanda de Inglaterra.
Variantes: Haribaldo, Heribaldo, Aroldo; *cat.* Harold.
Harold Lloyd, actor teatral y cinematográfico estadounidense (1893-1971). **Harold Pinter**, dramaturgo y guionista británico (1930).

Harry *On. como Enrique*
Forma hipocorística inglesa de Enrique.

Harún   *S/on.*
Nombre árabe. Significa 'elevado', o también, 'exaltado'.
Variante: Haroun.

Hasán   *S/on.*
Nombre muy popular en los países árabes. Significa 'bello', 'atractivo'.
Variantes: Hassán, Husein, Husain.
Hassán II, rey de Marruecos (1929-1999).

Héctor   *On. 20-6*
Nombre mitológico de hermosas resonancias clásicas. Su origen es incierto. La etimología más plausible lo considera un adjetivo derivado del verbo griego *éjo,* 'tener', interpretable como 'el que retiene en su poder', 'el que sostiene con firmeza', y de ahí el significado de 'ancla', expresión de uno de los atributos de Zeus. Otro origen podía ser el verbo *ektoréon,* 'esculpir', y por extensión, 'formar, educar', compuesto de *ek,* prefijo que indica movimiento hacia fuera, y *titrósko,* 'herir, romper, arrancar'. Ambos significados convienen al célebre héroe troyano cantado por Homero en *La Ilíada,* bien formado, implacable guerrero y, al tiempo, auténtico bastión en la defensa de los suyos.
Variantes: *cat.* Hèctor; *it.* Èttore; *port.* Hetor.
Ettore Scola, realizador cinematográfico italiano (1931). Héctor Berlioz, compositor francés (1803-1869). Ettore Sottsass, diseñador y arquitecto italiano (1917).

Heladio   *On. 28-5*
Del gentilicio griego *helladios,* 'de la Hélade, griego'.
Variantes: Eladio; *cat.* Heladi.
Heladio, obispo galo del siglo IV.

Hélder *S/on.*
Nombre de origen teutón. Compuesto sobre la raíz *held,* posiblemente signifique 'guerrero duro, perseverante'. Se ha relacionado también con *Heldrad,* que ha dado Heldrado, de ahí que otra interpretación, por la partícula *rat,* 'consejo', sea 'el consejo del guerrero'.

Helenio *On. 18-8*
La explicación popular asignó al nombre la interpretación *eliandros,* 'destructora de hombres', por el personaje literario, facilitándose así también la pérdida de la *h* inicial. En realidad el nombre procede de *heléne,* 'antorcha', lo que la hace sinónimo de Berto, Fulgencio, Roxana y otros. Variantes: Elenio; Leno (hip.); *cat.* Heleni.
Helenio Herrera, entrenador de fútbol hispanoargentino (1916-1990).

Helí *S/on.*
Nombre hebreo de un personaje bíblico, Helí, juez judío, educador de Samuel en el siglo XI a.C.; procede de la voz perifrástica *Eli,* con que se aludía a Dios para no profanar su sagrado nombre pronunciándolo.
Elie Wiesel, escritor judío de origen rumano en lengua francesa (1928).

Heliodoro *On. 6-5*
Del griego *helios-doron,* significa 'don del Sol'.
Variantes: *cat.* Heliodor.
Heliodoro, novelista griego (s. III-IV).

Helmer *S/on.*
Nombre germánico. Por *helm,* 'yelmo', 'protección', significa 'protector' o por ampliación del significado, 'guerrero'.

Helmut *S/on.*
Popular nombre alemán, variante de Hellmund, derivado del germánico *helm*, 'yelmo', 'protección' y *mund*, 'pueblo': 'protector del pueblo'.
Helmut Kohl, político alemán, presidente de la unificación (1930).

Heraclio *On. 1-9*
Del adjetivo griego *heráklida*, con el que los dorios se llamaban descendientes del famoso héroe Héracles o Hércules.
Variantes: Heráclito; *cat.* Heracli.
Heraclio, obispo de París en el siglo VI. Heraclio I, emperador bizantino, vencedor de los persas sasánidas en el siglo VII.

Herenio *On. 25-2*
Del latín *hernus*, 'relativo a Heres', nombre de una divinidad griega.
Por concurrencia fonética es identificado a veces con Irenio.
Variantes: Erenio, Hereno, Erenio; *cat.* Hereni.

Heriberto *On. 16-3*
Del germánico *hari-berht*, 'ejército famoso'.
Variantes: Heberto; *cat.* Heribert; *fr. ing. al.* Herbert; *it.* Erberto.
Herbert George Wells, escritor social inglés (1866-1946). Herbert Marcuse, filósofo estadounidense (1898-1979). Herbert von Karajan, director de orquesta austríaco (1908-1989).

Hermán *On. 7-4*
De origen germánico, considerado como equivalente de Germán, aunque quizá proceda de *airman*, 'grande, fuerte'. Otra etimología lo relaciona con el teutón *Hermann,* que significa 'protector del pueblo'.
Variante: Hermano.

Herman Melville, novelista estadounidense (1819-1891). Hermann Hesse, novelista alemán (1877-1962). Hermann Julius Oberth, científico alemán (1894-1989). Hermann Maier, esquiador austríaco (1972).

Hermenegildo *On. 13-4*

Del germánico *ermin-hild*, 'guerrero ermión'. Otros interpretan *air-managild*, 'valor del ganado'. En nuestro país fue popular gracias a san Hermenegildo (†585), rey visigodo arriano, convertido al cristianismo y rebelado contra su padre, Leovigildo, quien lo ejecutó por ello. Variantes: Armengol, Ermengardo, Melendo; Mendo, Mengual (hips.); *cat.* Hermenegild, Ermengol; *gall.* Hermenexildo.

Hermenegild Anglada i Camarasa, pintor español (1871-1959).

Hermes *On. 28-8*

Es el nombre del dios de la mitología griega, asimilado al Mercurio romano, encargado de ser mensajero de los dioses y protector del comercio y de los viajes. También vinculado con la alquimia y lo esotérico, de ahí el cierre *hermético,* es decir, cerrado e impenetrable. Literalmente significa 'intérprete, mensajero', por *hermeneus,* pero sus connotaciones son mucho más ricas, pues Hermes es el símbolo de la elocuencia y de la inteligencia industriosa y realizadora. Variantes: *eus.* Erma; *it.* Ermete.

Hermógenes *On. 3-9*

Procede del griego *Hermos-genos,* significa 'engendrado por Hércules, de la casta de Hércules'. Alude al vigor físico de su portador. Variantes: *eus.* Ermogen; *gall.* Hermóxenes; *it.* Ermògene.

Hermógenes, arquitecto griego, constructor del templo de Artemisa en el siglo III antes de Cristo.

Hernán   *On. como Fernando*
Forma antigua de Fernando, por aspiración de la inicial. Popularizado por Hernán Cortés, conquistador de México, y hoy nuevamente popular en España.
Hernán Cortés, conquistador español (1485-1547).

Herón   *On. 28-6*
Nombre griego, de *hero-on*, 'héroe, ser heroico'.
Variantes: *cat.* Heró.
Herón de Alejandría, matemático griego, descubridor de la fórmula del área del triángulo en función del semiperímetro en el siglo II a.C.

Hersilio   *S/on.*
Nombre mitológico romano, portado en femenino por la esposa de Rómulo, el legendario fundador de Roma. Quizá del griego *hersé*, 'rocío'. Nada tiene que ver con el germánico Ersilio, formado con la raíz *hairus*, que significa 'espada'.

Higinio   *On. 11-1*
Del griego *hygies*, 'sano' (de donde *higiene*), *higinos*, 'vigoroso'.
Variantes: *cat.* Higini; *eus.* Ikini; *gall.* Hixinio; *it.* Igino.

Hilario   *On. 13-1*
Nombre de origen latino, *hilaris*, que significa 'alegre'.
Variantes: Hilarino, Hilarión; *cat.* Hilari; *eus.* Illari; *fr.* Hilaire; *ing.* Hillary; *al.* Hilar; *it.* Ilario.
Hilaire de Gas, Edgar Degas, artista francés (1834-1917). Hilaire Belloc, poeta, historiador y novelista inglés (1870-1953). Edmund Hillary, descubridor del Polo Norte (1910).

Hipólito   *On. 13-8*
Nombre mitológico, del griego *hippós-lytós*, 'el que desata los caballos', o sea 'corredor a rienda suelta'. Hipólito, el mitológico hijo de Teseo, fue famoso por su destino desgraciado.
Variantes: Poli (hip.); *cat.* Hipòlit; *eus.* Ipolita; *fr. ing.* Hippolyte; *al.* Hippolyt; *it.* Ippòlito.
Hippolyte Taine, crítico literario y ensayista francés (1828-1893). Hipólito Yrigoyen, político radical argentino (1852-1933). Hipólito Lázaro, tenor español (1887-1974).

Hiram   *S/on.*
Nombre hebreo; su significado es 'Dios es excelso', por la unión de *Ahi*, 'hermano'; y, por extensión, 'Dios'; y de *ram*, 'alto, excelso'.
Hiram I, personaje bíblico, rey de Tiro y amigo de los reyes David y Salomón, ayudó a éste a edificar su templo (969-936 a.C.).

Honorato   *On. 16-5*
Del latín *honoratus*, 'honrado', más bien en el sentido de 'honorado', o sea que ha recibido honores, que ha ejercido algún cargo público.
Variantes: *cat.* Honorat; *gall.* Honorato; *eus.* Onorata; *fr.* Honoré; *al.* Honorat; *it.* Onorato.
Honoré de Balzac, escritor francés (1799-1850). Honoré-Victorin Daumier, pintor, dibujante, grabador y escultor francés (1808-1879).

Honorio   *On. 24-4*
Del latín *honorius*, 'honorable'. Famoso por el primer emperador del Imperio Romano de Occidente.
Variantes: Honorino, Honorato; *cat.* Honori; *ing.* Honor; *al.* Honorius; *it.* Onòrio.

Horacio *On. 10-7*
Del latín *Horatius*, portado por una familia romana, famosa especial-
mente por el poeta latino Quinto Horacio Flaco. De origen incierto,
posiblemente etrusco, aunque la etimología popular ve una alusión a
Hora, la diosa de la juventud.
Variantes: *cat.* Horaci; *fr. ing.* Horace, Horatio; *al.* Horatius; *it.* Orazio.
Horatio Nelson, almirante británico, derrotó a la armada franco-española en la batalla
de Trafalgar (1758-1805). **Horacio Quiroga,** escritor uruguayo (1878-1937).

Hosni *S/on.*
Nombre árabe, derivación de *husn*, 'belleza'.
Muhammad Hosni Mubarak, militar y político egipcio (1928).

Hubardo *S/on.*
Del germánico *huc-berht*, 'inteligente y famoso'.
Variantes: *cat.* Hubard.
Howard Hawks, director de cine estadounidense (1896-1977). **Howard Hugues,** mag-
nate y director de cine estadounidense (1905-1976).

Hugo *On. 1-4*
Nombre germánico, alusivo a uno de los cuervos del mitológico Odín,
que le informaban de lo que sucedía en la tierra (*hugh*, 'inteligencia,
juicio'). El nombre *hugonotes*, dado a los protestantes franceses, es, sin
embargo una deformación del alemán *Eidgenossen*, 'confederados'.
Variantes: Hugón, Hugocio, Hugoso, Hugolino; *cat.* Hug; *eus.* Uga; *fr.*
Hugues; *ing.* Hugh; *it.* Ugo.
Hugo Pratt, dibujante italiano, creador del personaje Corto Maltés (1927-1995). **Hugo
Sánchez,** jugador de fútbol mexicano (1958). **Hugh Grant,** actor de cine británico (1961).

Humberto   *On. 16-12*
Del germánico *Hunpreht*, o *Huniberht*, compuesto por *hun*, 'cachorro', aplicado especialmente a los de oso, y *-berht*, 'brillo, esplendor',
y por extensión, 'famoso', palabra integrante de numerosos antropónimos de origen gótico. Con tal nombre se deseaba atraer sobre el portador las cualidades sagradas del oso, admirado como ejemplo de fortaleza ejercida con prudencia. Por esas dotes se reconoce a su patrón,
san Humberto de Romans (1200-1277), dominico célebre por su importante labor reformadora. El nombre ha sido popular sobre todo en
Italia, donde ha tenido la predilección de la casa real. Aunque se con-
funde con Huberto, se trata de nombres distintos: *hugh-berht*, 'de pensamiento famoso'.
Variantes: Umberto; *cat. ing. al.* Humbert; *fr.* Hubert; *it.* Umberto.
Umberto Eco, semiólogo, crítico literario y novelista italiano (1932).

Hunfredo   *On. 8-3.*
De origen germánico, *Haimfrid,* de *haim*, 'casa, hogar, morada', y *frid*
'amparo'. La etimología más plausible da 'el protector del hogar'. Tal vez
provenga de *Hunifrid,* 'la protección del cachorro'. Otras interpretaciones son 'huno amistoso', o también, 'gigante pacificador'.
Variantes: Humfredo, Hunifredo, Hunfrido, Hunifrido; *ing.* Humphrey;
fr. Onfroi; *al.* Humfried; *it.* Unfredo, Onofredo.
Humphrey Bogart, actor de cine estadounidense (1900-1957).

I

Ian *On. como Juan*
Forma escocesa de Juan. De su creciente popularidad en Inglaterra es reflejo la española, que la asimila a la forma Jan.
Variantes: Iain, Jan.

Ian Fleming, novelista inglés, creador del personaje James Bond (1909-1964). **Ian Robert Maxwell,** magnate de la comunicación británico (1923-1991).

Ignacio *On. 31-7*
Reliquia de la antigua onomástica hispánica, pues se trata de una latinización del íbero o celtíbero *Ennecus,* que daría *Egnatius* y luego *Ignatius.* Su significado original, quizá un topónimo vasco interpretado como 'lugar encrespado', se ha perdido, pero la forma latina fue asimilada al fuego y a lo ardiente por su coincidencia con la palabra *ignis.* Otra etimología lo derivó del griego *ignátios,* 'nacido', o sea, 'hijo', a semejanza del latín arcaico *gnatus,* que daría *natus.* En cualquier caso, fue su patrón Íñigo López de Recalde, más conocido como san Ignacio de Loyola (1491-1556), fundador del ejército religioso Compañía de Jesús, quien llenaría de contenido el antropónimo, al encarnar el espíritu inflamado y la fuerza de un volcán en erupción a los que hace alusión la etimología latina de su nombre.
Variantes: Nacho (hip.); *ast.* Inacio; *cat.* Ignasi; *eus.* Iñaki; *fr.* Ignace; *al.* Ignaz; *it.* Ignazio.

Ignasi Barraquer, destacado oftalmólogo español (1884-1965). **Ignacio Zuloaga,** pintor español (1870-1945). **Ignacio Sánchez Mejías,** torero e intelectual español (1891-1934). **Nacho Cano,** músico español (1963). **Nacho Duato,** bailarín y coreógrafo español (1957).

Igor   *On. 5-6*
Nombre germánico, popular en Rusia por Igor, príncipe de Kiev, esposo de santa Olga. Procede de *Ing-warr*, nombre que alude al dios Ingvi, con el sufijo *wari*, 'defensor'. También se interpreta como 'hijo famoso'.
Ígor Sikorsky, ingeniero aeronáutico estadounidense (1889-1972). Ígor Stravinsky, compositor ruso nacionalizado estadounidense (1882-1971).

Ildefonso   *On. 23-1*
Nombre germánico, de formación análoga a Alfonso (el primer componente es aquí *hilds*, variante de *hathus*), del cual se considera equivalente. Variantes: Idelfonso, Hildefonso; *cat.* Hildefons.
Ildefons Cerdà, ingeniero, urbanista y político español (1815-1876).

Imanol   *On. como Manuel*
Forma eusquera de Manuel, que se ha extendido por toda la península Ibérica en los últimos años.
Imanol Arias, actor de cine y televisión español (1956).

Iñaki   *On. como Ignacio*
Hipocorístico vasco de Ignacio.
Variante: Ñaki (hip.).
Iñaki Urdangarín, jugador de balonmano, esposo de la infanta Cristina de Borbón (1965). Iñaki Gabilondo Pujol, figura del periodismo radiofónico español (1942).

Indalecio   *On. 15-5*
Nombre genuinamente íbero, relacionado tradicionalmente con la palabra vasca similar *inda*, 'fuerza'.
Indalecio Prieto, político español (1883-1962).

Ingemar *S/on.*
Nombre germánico, frecuente en los países escandinavos, en especial en Suecia, de la raíz *ing-*, presente en bastantes nombres y que designa un pueblo, los ingviones, y a Ing, dios nórdico de la fertilidad, y de *maru*, 'insigne'. Puede interpretarse como 'hijo célebre' o 'hijo del héroe'.
Variantes: Ingemaro; Inger (hip.); *cat.* Ingemer; *fr.* Ingmar; *al.* Ingomar.
Ingmar Bergman, director de cine y teatro sueco (1918).

Íñigo *On. 1-6*
Resultado de la evolución del antiquísimo nombre vasco *Éneko*, de origen incierto; se ha propuesto el topónimo *en-ko*, interpretable como 'lugar en la pendiente de una estribación montañosa'.
Variantes: *eus.* Iñaki; *fr.* Ignace; *ing.* Inigo; *al.* Ignatius; *it.* Ígnigo, Ínnico.
Íñigo López de Mendoza, marqués de Santillana, literato y estadista español (1398-1458). Íñigo López de Recalde, fundador de la Compañía de Jesús, canonizado como san Ignacio de Loyola (1491-1556).

Inocencio *On. 22-9*
Del nombre latino *Innocentius*, y éste, de *innocens*, 'inocente, puro'. Normalmente aplicado en recuerdo de los Santos Inocentes.
Variantes: Inocente; Chencho (hip.); *cat.* Innocenci, Innocent; *gall.* Nocencio; *al.* Inozenz; *it.* Innocenzo; *eus.* Iñoskentzi, Sein.
Inocencio Félix Arias Llamas, diplomático español (1940).

Ireneo *On. 5-4*
Nombre griego, muy extendido en su forma femenina, originado en la palabra *eirene*, 'paz'. Por su bello significado, tiene muchos sinónimos, como Frido, Casimiro, Federico, Onofre, Pacífico o Salomón.

Isaac   *On. 17-8*
El nombre es un cántico a las fuerzas positivas de la existencia. Se vincula a la alegría de Dios ante su creación por el hebreo *yz'hak* o *izhak*, 'niño alegre', '¡que se ría!' o 'risa de Yahvé', deseo formulado por la madre del patriarca Isaac al alumbrarlo. Esta promesa de un futuro próspero ('Dios proveerá') se concretó, en efecto, en Isaac, protagonista junto con su padre Abraham de un episodio fundamental de la historia sagrada: la escenificación del momento en que nuestra civilización tomó un nuevo rumbo, al cambiar el perfil de su Dios y rechazar los sacrificios humanos. Variantes: Isahac, Isic; *ing.* Isaac, Izaak; *al.* Isaak; *it.* Isacco, *sueco,* Isak.
Isaac Albéniz, músico español (1860-1909). **Isaac Asimov**, escritor y divulgador científico estadounidense (1920-1992). **Isaac Rabin**, estadista israelí (1922-1995).

Isaías   *On. 6-7*
Nombre relacionado etimológicamente con el de Jesús. Ambos constan de los mismos elementos en orden inverso: *yeshah-yahu,* 'Yahvé salva'. Se llamó así el profeta bíblico anunciador de la venida de Jesús.

Isidoro   *On. 4-4*
Del griego *Isis-doron*, 'don de Isis', diosa egipcia venerada también en Grecia. Dio lugar a dos nombres, con el patronazgo de sendos santos, el letrado Isidoro y el labrador Isidro. En ambos casos, el nombre proclama el don de trabajador honrado y sacrificado de quienes lo llevan, pero en su forma culta se aplica a la labor intelectual, que cuenta con el ejemplo de san Isidoro de Sevilla (560-636), autor de la obra enciclopédica *Las Etimologías,* el edificio escrito más importante de la España visigoda. Variantes: Isidro; *cat.* Isidor; *eus. al.* Isidor; *fr. ing.* Isidore.
Isidore Ducasse, conde de Lautréamont, poeta francés (1846-1870).

Isidro *On. 15-5*
Variante de Isidoro, pronunciado según la prosodia griega, más popular que la forma original gracias a quien es patrono de Madrid, san Isidro Labrador (1070-1130), trabajador del campo madrileño, venerado por sus milagros y su caridad, cuya fama se extendió a otros países europeos. El nombre es una clara evocación del mundo natural.
Variantes: *cat.* Isidre; *gall.* Isidro (hip. Cidre).
Isidre Nonell, pintor y dibujante español (1873-1911).

Ismael *On. 17-6*
Nombre hebreo, procede de *Ichma-* o *Isma-el,* 'Dios escucha'. Ismael, primogénito de Abraham, nació de la unión de éste con Agar, la esclava egipcia de su esposa Sara. Tras el nacimiento de Isaac, Ismael, a quien el propio Mahoma reconoció como padre del pueblo árabe, también llamado *ismaelita* o *agareno,* fue arrojado del hogar paterno, junto con su madre Agar, repudiada por Abraham. La historia de Ismael e Israel prefigura la difícil convivencia de dos pueblos hermanos. Por alusión a este personaje, el nombre de Ismael alude a la capacidad de su portador de superar todas las trampas del destino.
Variantes: *árabe,* Ismaíl.
Ismael Rodríguez, director y productor de cine mexicano (1917). **Ismael Enrique Arciniegas**, poeta colombiano (1865-1938). **Ismaïl Kadare**, escritor albanés (1936).

Israel *On. 13-9*
Nombre bíblico del A.T. concedido a Jacob tras su lucha con el ángel. En recuerdo del episodio: 'fuerte contra Dios', o mejor, 'fuerza de Dios' (*isra-, ezra-* o *ezri-el*). El nombre se extendió a toda la nación judía.
Israel Baline, Irving Berlin, compositor estadounidense de origen judío (1888-1964).

Italo *On. 19-8*
Del latín *italus*, gentilicio, que significa 'originario de Italia'.
Variante: Ítalo; *cat.* Ítal.
Italo Calvino, novelista y crítico italiano (1923-1985). Italo Svevo (Ettore Schmitz),
escritor italiano (1861-1928).

Iván *On. 24-6*
Variante del nombre Ivo, que en las lenguas eslavas se asimiló a Juan,
el antropónimo más universal, que significa 'Dios está conmigo'.
Además, este nombre se impregna del sentido de su forma original
Ibán, formada a partir de la raíz germánica *iv*, que significa 'glorioso'
(variante de *brod*, 'gloria'). Se ha aclimatado por completo a nuestra
tradición onomástica, de modo que goza hoy de una gran aceptación.
Ivan S.Turgenev, escritor ruso (1818-1883). Ivan Pavlov, fisiólogo ruso (1849-1936).
Ivan Lendl, tenista checo (1960). Iván de la Peña López, futbolista español (1971).

Ivo *On. 19-5*
Tradicional nombre germánico, formado sobre la raíz *iv*, que en otras
lenguas del mismo tronco tuvo las formas *ed, ead, eb*, concurrentes al
fin en el término *brod*, 'glorioso'. Poco usado en nuestro país, donde
nos ha llegado procedente de Francia, sí es muy popular su variante
Iván, que ha sido asimilada a Juan en los países eslavos.
Variantes: Ives, Ivón; *cat.* Ïu; *eus.* Ibon; *fr.* Yves.
Jacques-Yves Cousteau, oceanógrafo francés (1910-1997). Yves Montand (Ivo Livi),
cantante y actor de cine francés (1921-1991). Ivo Andric, escritor y diplomático bos-
nio (1892-1975). Yves Saint Laurent (Henry Onat Mathieu), diseñador de moda
francés (1936).

J

Jacinto   *On. 17-8*

Fueron los griegos quienes crearon este nombre para honrar con él a la belleza de la naturaleza, concretada en una flor. Su origen etimológico, en la expresión *ai-anthos*, 'flor del ¡ay!', hace referencia a la leyenda del hermoso efebo amado por el dios Apolo y transformado en flor al morir. Su patrón, san Jacinto (1185-1257), admirado por su don para lograr todo lo que se proponía, es el santo polaco más popular.

Variantes: *cat.* Jacint (hip. Cinto); *gall.* Xacinto; *eus.* Gaxinta; *fr.* Jacinte, Hyacinthe; *ing.* Hyacinth (hip. Sinty); *al.* Hyazinth; *it.* Giacinto.

Jacint Verdaguer, poeta romántico español en lengua catalana (1845-1902). **Jacinto Benavente**, dramaturgo español, premio Nobel de Literatura en 1922 (1866-1954).

Jackson   *S/on.*

En realidad es un apellido, *Jack' son*, 'hijo de Jack' (o sea, de Juan). Frecuente como nombre de pila en Estados Unidos por alusión al presidente Andrew Jackson (1767-1845).

Jackson Paul Pollock, pintor estadounidense (1912-1956).

Jacobo   *On. 25-7*

Es el nombre de uno de los principales personajes de la Biblia, fundador del pueblo de Israel tras luchar contra el ángel del Señor y símbolo del hombre justo guiado por la sabiduría. Del hebreo *yah-aqob*. El primer componente, presente en multitud de nombres bíblicos, es 'Dios'. El segundo, en cambio, da lugar a controversias: quizá *ageb*, 'talón', aludiendo al hecho de que al nacer tenía asido por el calcañar a su hermano gemelo Esaú, quien nació primero. O bien de *Yahaqob*, 'el suplantador', pues suplantó a Esaú para lograr al fin unos derechos de primogenitura que años antes había trocado por un plato de lentejas. Durante la Edad Media, el patriarca bíblico Jacob o *Yahacob* se conocía en España como Yago, por sonorización de la oclusiva. Por ser san Yago el santo por excelencia en nuestro país, apóstol evangelizador y patrón de los ejércitos durante la Reconquista, las palabras 'santo' y 'Yago' se fundieron en una sola para dar Santiago. Otro derivado es Jaime, a través del italiano *Giàcomo*.

Variantes: Jacob. Diego (hip.); *cat*. Jacob; *fr. ing*. Jacob; *gall*. Xacobo, Xacobe; *eus*. Yakue, Jagob; *al*. Jakob; *it*. Giacobbe.

Iacopo Ropusti, *Il Tintoretto*, pintor italiano (1518-1594). **Jacob Grimm**, escritor alemán (1785-1863). **Jacob van Ruysdael**, pintor paisajista holandés (1636-1682).

Jácome   *On. como Jaime*

Antigua variante de Jaime, visible en las formas italiana, francesa y provenzal de este nombre: *Giàcomo, Jacques y Jacme*.

Giacomo Leopardi, poeta italiano (1798-1837). **Jacques Brel**, cantautor francés (1929-1978)

Jafar   *S/on.*

Nombre árabe. Significa 'torrente', 'arroyuelo'.

Variante: Hafar.

Jafet   *S/on.*

Nombre hebreo, que significa 'dilatado, difundido'. Se llamó así el tercer hijo de Noé, de quien descienden, según la Biblia, los pueblos y razas que se extienden desde la India y Asia Central hasta las extermidades occidentales de Europa. Puede interpretarse como 'hombre de raza blanca'.

Jaime *On. 25-7*
Es la derivación más popular de Jacob. Es uno de los nombres más elegidos universalmente. En España y Francia, portado por reyes de la Corona de Aragón. Se ha introducido en el lenguaje diario: las francesas *jacqueries* eran las revueltas de paisanos, pues el personaje *jacques* designaba una persona corriente. Los jacobinos, el más célebre partido de la Revolución francesa, adoptaron este nombre por su lugar de reunión, el convento de *Saint Jacques*. En España, la fama del personaje Jaimito se ha extendido hasta significar genéricamente al niño travieso.
Variantes: *cat.* Jaume; *gall.* Xaime; *eus.* Jakes; *fr.* Jacques; *ing.* James (hips. Jem, Jim, Jimmy, Jack); *al.* Jakob; *it.* Giàcomo (hip. Mino); *prov.* Jacme, *gaélico,* Hamish; *escocés,* Jamie.

James Joyce, escritor irlandés en lengua inglesa (1882-1941). **James Steward** (James Maritland), actor de cine estadounidense (1908). **Jesse Owens**, atleta estadounidense (1913-1980). **Jimmy Carter** (James Earl Carter), presidente estadounidense (1924). **James Dean**, actor de cine estadounidense (1931-1955). **Jaime Gil de Biedma**, poeta español (1929-1990). **Jaume Aragall**, tenor catalán (1939).

Jairo *S/on.*
De *Yag'ir*, 'Dios quiera lucir'. De tal deseo fue beneficiario el jefe judío Jairo, personaje bíblico cuya hija fue resucitada por Jesús.
Variantes: Jair; *cat.* Jaire.

Jalid *S/on.*
Entre los pueblos árabes, este nombre expresa el deseo de que su portador disfrute de una larga vida. Significa 'eterno', o 'inmortal', en tanto atributo de la divinidad.
Variante: Khalid.

Jalil *S/on.*
Muy popular en los países árabes, este nombre significa 'buen amigo'.
Variante: Khalil.

Jamal *S/on.*
Nombre árabe. Significa 'el que atrae por su belleza', 'lleno de hermosura'.

Jan *On. como Juan*
Forma checa de Juan. También se usa como hipocorístico español.
Jan Potocki, escritor polaco (1761-1815). **Jan Ulrich**, ciclista alemán.

Jarek *S/on.*
Nombre polaco, que significa 'nacido en enero'.

Jaroslav *S/on.*
De origen checo, este nombre alude a una antigua leyenda, en la que
se exlata la vida; significa 'esplendor primaveral'.

Javier *On. 3-12*
Derivado del eusquera *etxe-berri*, por *etxe,* 'casa', y *berri,* 'nueva', en su
origen un apellido presente hoy en formas como Chaberri o Echevarría,
se convirtió en antropónimo por el prestigio de su patrón, Francisco de
Azpilicueta (1506-1552), que llegaría a ser el famoso jesuita apóstol de
las Indias san Francisco Javier. Al principio el único significado del nombre era la referencia al lugar de nacimiento del santo, pero luego se llenó con el ejemplo de éste, verdadero conquistador al servicio de la fe.
Con este nombre se proclama la actitud combativa de quien lo lleva y
su disposición a dar cumplimiento a las tareas más arduas.

Variantes: Javi; *bal.* Xabilin; *cat. fr.* Xavier; *gall. eus.* Xabier; *ing.* Xavier; *al.* Xaver; *it.* Saverio; *irlandés* (hip.) Savy (a través de Saverius).

Javier Mariscal (Francisco Javier Errando Mariscal), diseñador y artista plástico español (1950). **Xavier Rubert de Ventós**, filósofo español (1939). **Javier Marías**, novelista español (1951). **Javier Solana Madariaga**, político español (1942). **Javier Sotomayor**, atleta cubano, plusmarquista en salto de altura (1967). **Javier Bardem**, actor de cine español (1969).

Jeremías *On. 16-2*
Típico nombre teóforo del A.T.: *jeram-* o *jerem-iah*, 'Dios'. Uno de los profetas mayores, cuyos reproches en el Libro de las Lamentaciones, que le es atribuido, han dado lugar a la palabra *jeremiada*.
Variantes: *cat.* Jeremies; *eus.* Jeremi; *gall.* Xeremías; *fr.* Jérémie; *ing.* Jerry (hip.); *al.* Jeremias.

Jeremy Bentham, filósofo, político y economista inglés (1848-1832). **Jerry Lewis**, actor y director de cine estadounidense (1926). **Jeremy Irons**, actor de cine británico (1948).

Jerónimo *On. 30-9*
Del griego *hieronimus*, 'nombre santo', retomado por el cristianismo y popularizado por el redactor de la célebre Vulgata, la traducción de la Biblia al latín todavía hoy vigente.
Variantes: Gerónimo; *ast.* Xeromo; *cat.* Jeroni, Jerònim; *gall.* Xerome, Xerónimo; *eus.* Jerolin; *fr.* Jerôme; *ing. al.* Hieronymus; *it.* Girolamo.

Hieronimus van Aeken, *el Bosco*, pintor y dibujante holandés (1450-1516). **Jerome David Salinger**, escritor estadounidense (1919). **Jerome Robbins**, coreógrafo de ballet clásico estadounidense (1918).

Jerzy *S/on.*
Nombre polaco, de origen griego; significa 'granjero'.

Jessé *S/on.*
Con este nombre hebreo se proclama que su portador posee en grado sumo las cualidades de riqueza, fuerza y virilidad.

Jesús *On. 1-1*
Por llamarse así el Hijo del Hombre, o Dios encarnado, es el nombre de mayor trascendencia en la onomástica cristiana. Viene de *Yehoshúah*, 'Yahvé salva', del que derivaron también Joshua y Josué. Jesús de Nazaret, que más tarde tendría el sobrenombre de *Emmanuel*, 'Dios entre nosotros', recibió este nombre en la ceremonia de circuncisión, equivalente al bautizo. Por su acentuada áurea de divinidad, fue poco usado en los primeros tiempos del cristianismo, en que se considera irreverente su uso. Con el tiempo se ha atenuado la relación entre el nombre y su principal portador, de modo que hoy es muy popular en amplias zonas de España e Iberoamérica.
Variantes: Chus (hip.); *ast.* Xasus; *gall.* Xesús; *eus.* Josu, Yosu; *ing.* Jesus; *it.* Gesù; *árabe,* Aissa.
Jesús Hermida, periodista español (1937). Jesús Puente, actor de teatro y *showman* televisivo español (1930). Jesús de Polanco, empresario de medios de comunicación español (1929). Jesulín de Ubrique, torero español (1974). Jesús Ferrero, escritor español (1952).

Jimeno *On. como Simeón*
Variante medieval de Simeón, originada en Navarra, por lo que se ha propuesto una relación con el vasco *eiz-mendi*, 'fiera de la montaña'.
Variantes: *ast.* Ximeno; *cat.* Eiximenis, Ximeno.

Joab *On. 31-3*
Nombre hebreo de un personaje bíblico, sobrino de David. Es teóforo y reiterativo: *jo-ab* o *jo-ah*, 'Dios es Dios'.

Joaquín   *On. 26-7*
Dios construirá, erigirá. Nombre de origen hebreo, *Yehoyaqim*, que significa 'Yahvé construirá, erigirá'. Hasta el siglo XIV apenas fue tomado en consideración el nombre del patriarca padre de la Virgen María, pero en la actualidad se ha convertido en uno de los más usados.
Variantes: Chimo, Quini (hips.); *ast.* Xuacu; *cat.* Quim, Quimet (hips.); *gall.* Xoaquín; *fr. ing. al.* Joachim; *it.* Gioachimo; *ruso* (hip.) Akim.
Gioacchino Rossini, compositor italiano (1792-1868). Joaquín Sorolla, pintor impresionista valenciano (1863-1923). Joaquín Blume, gimnasta español (1933-1959). Joaquín Lavado, *Quino,* dibujante argentino (1932). Joaquín Cortés, bailarín y coreógrafo español de danza clásica y flamenco (1969).

Job   *On. 30-3*
Nombre hebreo de un patriarca bíblico, convertido en arquetipo de la paciencia por su resignación a la voluntad de Dios ante las mayores calamidades. Variante de Joab, aunque otros autores prefieren la explicación por el término *eyob*, 'perseguido', 'afligido', aludiendo a su destino.

Joel   *On. 13-7*
De la unión de las partículas teóforas hebreas *yo'el*, significa 'Dios es Dios'.
Variantes: *gall.* Xoel; *eus.* Yoel; *fr.* Joël; *it.* Gioele.
Joel Joan, actor de teatro español (1969).

Jonás   *On. 21-9*
Del hebreo *yonah*, 'paloma'. El personaje bíblico Jonás simboliza, con su permanencia de tres días y tres noches en el vientre de una ballena, el cautiverio del pueblo israelita.
Variantes: *gall.* Xonás; *fr. al.* Jonas; *ing.* Jonah, Jonas; *it.* Giona.

Jonatán   *S/on.*

Del hebreo *jo-nathan*, 'don de dios'. Personaje bíblico, hijo del rey Saúl y amigo de David, que lloró su muerte por ser su amistad 'más maravillosa que el amor de las mujeres'.

Jonathan Swift, escritor irlandés en lengua inglesa (1667-1745).

Joram   *On. 7-6*

Nombre de origen hebreo. Significa 'Dios es mi guerrero'.

Jordán   *On. 13-2*

Del hebreo *jordan*, 'el que baja'. Nombre cristiano evocador del río bíblico del mismo nombre en que fue bautizado Jesús y que señalaba el límite oriental de la Tierra Prometida.

Variantes: *cat.* Jordà; *eus.* Yordana; *fr. ing. al.* Jordan; *it.* Giordano.

Giordano Bruno, filósofo y religioso italiano (1548-1600).

Jordi   *On. como Jorge*

Forma catalana de Jorge, nombre popular del patrón de Cataluña.

Jordi Pujol i Soley, político español, presidente de la Generalitat de Catalunya (1930). **Jordi** Tarrés, motociclista español (1966). **Jordi** Mollà, actor cinematográfico español (1970).

Jorge   *On. 23-4*

Del griego *Geórgios,* compuesto de *ge,* 'tierra', y *érgon,* 'trabajo', que puede interpretarse como 'el que trabaja la tierra', 'el agricultor'. Pero el nombre encierra mucho más por las connotaciones que aporta su patrón, san Jorge, en quien se reflejan los tres órdenes de la sociedad trifuncional medieval: el trabajador, el guerrero y el religioso. Parece que su culto es originario de la Iglesia Oriental, donde se celebraba desde principios del siglo IV en honor a un príncipe de la Capadocia admirado por su combate contra un dragón para liberar a una doncella. Esta leyenda, muy atractiva al espíritu caballeresco, se extendería por toda Europa, en especial Inglaterra, Cataluña, Portugal y Sicilia, a través de los cruzados.

Variantes: *cat.* Jordi; *gall.* Xurxo, Xorxe; *eus.* Gorka; *fr.* Georges; *ing.* George; *al.* Georg, Jörg, Jürgen; *it.* Giorgio; *ruso,* Yuri; *irlandés,* Seiorse; *húng.* Gyorgy; *finés,* Yrjo.

Giorgio de Chirico, pintor italiano (1888-1978). **George Gordon,** lord Byron, poeta romántico inglés (1788-1824). **George Washington,** primer presidente de Estados Unidos (1732-1799). **Jorge Luis Borges,** poeta, narrador y ensayista argentino (1899-1986). **Jorge Guillén,** poeta español (1893-1984). **Giorgio Armani,** diseñador de moda italiano (1934).

José   *On. 19-3*

En el origen de este nombre hay un grito de júbilo. Cuenta la Biblia que Raquel, la esposa deseada del patriarca Jacob, expresó su alegría al dar a luz tras su largo período de esterilidad exclamando «*Yosef*», que en hebreo significa 'acrecienta Yahvé', 'el Señor aumenta la familia'. Con este nombre se ha expresado la alegría por la bendición divina manifiesta al venir al mundo un nuevo ser. Pero además de fertilidad y crecimiento de la familia, este antropónimo evoca abundancia de riquezas, por el ejemplo del patriarca José, que salvó del hambre a su familia, es decir, a la familia de Israel. Si a esto le sumamos el patronazgo de san José, esposo de la Virgen María y patrono de la Iglesia universal, es comprensible que el nombre haya sido inmensamente popular en España

Variantes: Pepe, Pepón, Chema, Pito, Ché, Cheo, Cheito, Chevito, Chepito (hips.); Josef, Josefo (ant.); *ast.* Juse; *cat.* Josep (hips. Jep, Bep, Pep, Po, Zep); *gall.* Xosé; *eus.* Yoseba, Joxe; *fr. ing.* Joseph (hip. Joe); *al.* Josef; *it.* Giuseppe (hips. Peppino, Beppino, Geppetto); *árabe,* Yusuf.

Giuseppe Verdi, compositor italiano (1813-1901). **Joseph Pulitzer,** editor de periódicos estadounidense de origen húngaro (1847-1911). **José Ortega y Gasset,** filósofo español (1883-1955). **Joe Louis,** leyenda del boxeo estadounidense (1914-1981). **Josep Pla,** escritor y periodista español en lengua catalana (1897-1981). **José Carreras,** cantante de ópera español (1946). **Pep Guardiola,** jugador de fútbol español (1971).

Josué   *On. 1-9*

Nombre hebreo, de *J(eh)o-shúah,* 'Dios es salud' o 'Yahvé salva'. Es muy popular en los países anglosajones en la forma de Joshua.
Variantes: *cat.* Josuè; *gall.* Xosué; *it.* Giosuè; *ing.* Joshua.

Joshua Reynolds, pintor inglés (1723-1792).

Juan   *On. 24-6*

Considerado el príncipe de los nombres masculinos, por su aceptación en todas las épocas y en todos los lugares. De origen hebreo, a partir de las formas *Yehohanan* o *Yohanan,* que en latín dio *Johannan* y *Johannes,* compuesto por el apócope de Yahvé y la raíz *hannah,* alusiva a la concesión divina de la gracia. Significa 'Dios es propicio', 'Dios se ha compadecido' o según otros 'Dios está a mi favor'. En cualquier caso, queda clara la comunión perfecta entre la divinidad y el portador del nombre, tradición iniciada por san Juan Bautista, la voz que clamaba en el desierto abriendo camino a Jesús. A este santo, único del que se celebra el nacimiento y no la muerte, la Iglesia le reservó una de las dos fiestas más importantes del año en los ancestrales ritos de la humanidad: el solsticio de verano, al mismo nivel que la celebración del solsticio de invierno, reservada al nacimiento de Jesús. Sea por el prestigio de su patrón, por su optimista significado, por su sonoridad o por su evocación de la fecundidad y de la fuerza positiva del Sol, la difusión del nombre ha sido masiva: el

John Bull inglés; el personaje holandés *Jan Kaas,* 'Juan Queso'; la palabra *yanqui*, sinónimo de estadounidense y derivada de *Janke,* 'Juanito'; el *Hansel* alemán, y otros muchos, son tan representativos de los habitantes típicos de sus países como lo es el Juan Español entre nosotros.

Variantes: Iván, Jan; Janín (hip.); *ast.* Juanto; *cat.* Joan (hip. Jan); *gall.* Xan, Xoán; *eus.* Ganix, Ion, Jon; *fr.* Jean; *ing.* John; *al.* Johann, Hohannes (hip. Hans); *it.* Giovanni, Gianni; *port.* Joâo; *ruso,* Ivan; *checo,* Jan; *rumano,* Jon; *galés,* Evan; *irlandés,* Sean, Shane; *escocés,* Ian; *finés,* Jussi; *húng.* János; *lituano,* Jonas; *griego,* Ioánnes; *árabe,* Yahya.

Giovanni Boccaccio, escritor italiano (1313-1375). **Hans Christian Andersen**, escritor danés (1805-1875). **Joan Maragall**, poeta y ensayista español en lengua catalana (1860-1911). **Jean Cocteau**, escritor, dibujante y director de cine francés (1889-1963). **Joan Miró**, pintor y escultor español (1893-1983). **Johan Cruyff**, futbolista neerlandés (1947). **John Travolta**, actor estadounidense (1954). **Giovanni Agnelli**, empresario italiano (1866-1945). **John Winston Lennon**, músico británico, miembro de *The Beatles* (1940-1980).

Julián   *On. 4-1*

Del latín *Iulianus*, gentilicio de Julio. La tradición asigna al conde Julián, también llamado Olián, ofendido contra el rey visigodo don Rodrigo, la traición que permitió a los árabes invadir España en el año 711.

Variantes: Juliano; *ast.* Illán; *cat.* Julià; *fr.* Julien; *it.* Giuliano.

Julián Marías, escritor y filósofo español (1914). **Julien Green**, escritor francés de ascendencia estadounidense (1900-1998). **Julian Barnes**, escritor británico (1946).

Julio   *On. 12-4*

Llevar este nombre fue en su origen sinónimo de alta dignidad. Su pedigrí se remonta a los albores de Roma. Virgilio lo hizo descender del legendario *Iulus*, hijo de Eneas, que tanto tuvo que ver en la fundación de la ciudad Imperio, y de quien se consideraba descendiente la *gens* Julia. Para honrar a esta familia, y en especial al caudillo Julio César, su miembro más egregio, Marco Aurelio llamó así el séptimo mes del año, que antes llevaba por nombre *quirinalis*. Tiene este antropónimo aroma clásico y renacentista, pero al mismo tiempo suena muy actual.

Variantes: *cat.* Juli; *gall.* Xulio; *eus.* Yuli; *fr.* Jules; *ing. al.* Julius; *it.* Giulio.

Jules Massenet, compositor francés (1842-1912). **Julio Cortázar**, escritor argentino (1914-1984). **Julius Marx**, *Groucho*, actor de cine estadounidense (1895-1977). **Julio Iglesias**, cantante español (1943). **Julio Bocca**, bailarín y coreógrafo argentino (1968).

Junípero   *On. 26-8*
Latinización del nombre de Ginebro, procede de *ginebro,* que significa 'enebro' en italiano antiguo.

Justino   *On. 1-6*
Del latín *Justinus*, gentilicio de Justo, uno de los nombres predilectos de la casa imperial romana de Oriente.

Variantes: Justiniano; *cat.* Justí; *gall.* Xustino.

Justo   *On. 6-8*
Del latín *Iustus*, 'recto, conforme a la ley'. Apreciado por su referencia a la honradez y probidad de quien se apega estrechamente al derecho y a la virtud, fue popular entre los cristianos desde san Justo, mártir degollado por Daciano junto con su hermano san Pastor en el siglo IV.

Variantes: *cat.* Just; *gall.* Xusto; *eus.* Justi, Zuzen; *al.* Justus.

Justo Molinero, locutor radiofónico español.

Kadar *S/on.*
En árabe, este nombre proclama el 'poder' absoluto de su portador.
Variante: Kedar.

Kaled *S/on.*
Nombre árabe. Significa 'de naturaleza divina', 'inmortal'.

Kelvin *S/on.*
En el antigua idioma gaélico, este nombre, muy popular en los países
anglosajones, significa 'amigo', 'hombre de confianza'.

Kemal *S/on.*
Del turco *kemal*, 'maduro, fuerte'. Concurre con el árabe *Kamal* o
Kamil, que significa 'llegado al estado de perfección'. Este nombre fue
popularizado por el creador de la nueva Turquía, Mustafá Kemal, quien
adoptó el título de *Atatürk*, 'padre de los turcos'.
Mustafá Kemal Atatürk, político y «padre de los turcos», creador de la Turquía moderna y laica (1881-1938).

Kenneth *On. 11-10*
Forma inglesa del gaélico *Cinaed*, santo del siglo VI. Suele interpretarse
como 'firme', aunque se da también el significado de 'elegante'. Nombre
muy popular en Escocia, se ha expandido últimamente por España.
Kenneth Branagh, actor, director y productor de teatro y cine británico (1960).

Kepa *On. como Pedro*
Forma eusquera de Pedro.

Kevin *On. 3-6*
Del antiguo irlandés *Coemgen*, que significa 'bello al nacer' o 'bonito nacimiento'. Para otros, procede del apellido Mac Eoin, 'hijo de Eoin', es decir, de Juan. Popularizado en España gracias al séptimo arte.
Kevin Kline, actor de cine estadounidense (1947). Kevin Costner, actor y director de cine estadounidense (1955).

Kilian *On. 8-6*
Es fruto de la reciente tendencia onomástica, y para llegar a nosotros ha seguido el camino inverso al tradicional: en lugar de evolucionar desde un sustrato germánico hasta las lenguas romances, ha partido de la forma latina, al parecer, Cecilio, hasta la céltica *Kilian,* que pasando al latín da *Kilianus,* de donde el antropónimo Kiliano. Otra etimología lo deriva del antiguo gaélico con el significado de 'combate'.

Kirk *S/on.*
Derivación del irlandés *kirk*, 'iglesia', aplicado como calificativo a quien vive cerca de ellas, o directamente al 'predicador'.
Kirk Douglas (Issur Danilovich Demski), actor estadounidense, de origen ruso (1916).

Koldo *On. como Luis*
Forma hipocorística eusquera de Luis: *Koldobika*, que recuerda la antigua forma Clodovico.

L

Ladislao *On. 22-10*
Del eslavo *vladi-slava*, 'dirigente glorioso', portado por un rey santo de Hungría en el siglo XI y popular en Italia por el rey de Nápoles Ladislao el Magnánimo (1376-1414). Muy extendido en este país.
Variantes: *cat.* Ladislau; *eus.* Ladisla; *fr.* Ladislas; *húng.* Laszló.
Wladyslaw Gomulka, estadista polaco (1905-1982). László Kubala, jugador de fútbol húngaro, uno de los mejores de la historia (1927). László Moholy-Nagy, pintor, fotógrafo y teórico del arte húngaro (1895-1946).

Laís *S/on.*
Nombre griego, alusivo al liderazgo democrático, una de las cualidades que han hecho más apreciada la cultura clásica. Significa 'amable con todos' y 'amable para todos', es decir, 'popular'.

Lamberto *On. 14-4*
Del teutón *land-berht*, 'país ilustre'. Frecuente en Francia y Alemania.
Variantes: *cat.* Lambert, Llambert; *fr. ing. al.* Lambert; *eus.* Lamberta.
Lamberto Dini, político italiano, primer ministro de su país.

Landelino *On. 15-6*
Del germánico *land*, 'tierra, patria', latinizado con la forma del gentilicio *-inus*, que significa 'del país', 'que ama al país'.
Variantes: Laudelino; Nino, Lino (hips.).
Landelino Lavilla, político español de la transición (1930).

Lanzarote *On. 27-6*
Adaptación del antiguo antropónimo francés *Lancelot*, que en nuestra tradición onomástica ha sido asimilado a Ladislao, aunque posiblemente influido por el prefijo germánico *land-*. Puede tratarse asimismo de un diminutivo de Lanzo, hipocorístico semejante a Lando. En todo caso, la 'lanza rota' es meramente una etimología popular. Pero su significado hoy es indisociable de las resonancias que aporta el héroe de leyenda llamado Lanzarote del Lago, caballero del rey Artús en el romance de la Tabla Redonda, amante de la reina Ginebra.
Variantes: *cat.* Lancelot.

Laureano *On. 4-6*
Derivado de Lauro, a partir de su gentilicio latino *Laureanus*, 'coronado de laurel, victorioso'. La victoria a la que se hace mención no es sólo de las armas, sino también de las letras: la inspiración del poeta.
Variantes: Laurentino; *cat.* Laureà, Llorà; *eus.* Lauran; *fr.* Laurent.
Laureano Gómez, político y ensayista colombiano (1889-1965). Laureà Figuerola, economista y político español (1816-1904). Laurent Fignon, campeón de ciclismo francés.

Laurencio *On. 10-8*
Del latín *Laurentius*, gentilicio de *Laurentum*, ciudad del Lacio así denominada, según Virgilio, por un famoso laurel (*laurus*). Por extensión, pasó a significar 'coronado de laurel', es decir, 'victorioso'.
Variantes: *ast.* Lorenti; *cat.* Llorenç; *gall.* Lourenzo; *eus.* Laurendi; *fr.* Laurent; *ing.* Laurence, Lawrence; *al.* Laurentius.
Laurence Sterne, novelista inglés, uno de los primeros maestros de la ironía (1713-1768). Laurence Kerr Olivier, actor y director británico (1907-1989). Lawrence Durrell, novelista británico (1912-1990).

Lauro *On. 19-10*
Al laurel, árbol sagrado originario de la India, se le atribuyen virtudes prodigiosas desde tiempos remotos: capaz de inspirar, de curar, de ahuyentar los rayos e incluso de conceder la inmortalidad, por simpatía con el verdor perenne de sus hojas. Todo esto evoca el nombre de Lauro, del latín *laurus*, 'laurel'. Con esta planta, además, se adornaban los templos consagrados al dios Apolo y se coronaba a poetas y vencedores.
Lauro Olmo, escritor español (1922-1994).

Lautaro *S/on.*
Nombre araucano, que significa 'traro veloz' (el traro es un ave de rapiña propio de las tierras de Chile). Popular en Hispanoamérica por Lautaro (1543-1557) el caudillo araucano, héroe del nacionalismo chileno.

Lázaro *On. 11-2*
Por su origen etimológico en *Eleazarus*, latinización del hebreo *El'asar*, este nombre significa 'Dios ayuda'. Y en verdad, su santo patrón, el personaje bíblico amigo de Jesús, hizo honor a su nombre en tanto beneficiario de una de las más célebres «ayudas divinas»: el milagro de ser resucitado. Con este nombre se afirma, por tanto, el deseo de que quien lo lleva disfrute de una vida larga y agraciada por la Providencia. Variantes: *cat.* Llàtzer; *eus.* Elazar; *fr.* Lazare; *ing. al.* Lazarus; *it.* Lazzaro.
Lázaro Cárdenas, militar y político mexicano (1895-1970).

Leandro *On. 28-2*
Formado por las palabras griegas *leios,* 'dulce, bueno, agradable', y *andros,* 'hombre', este nombre proclama la hombría de bien y la simpatía de su portador. De estos dones tuvo que ser ejemplo su patrón,

san Leandro, hermano de san Isidoro y obispo de Sevilla, pues a él se atribuye el mérito de la conversión de Recaredo, que puso fin en el siglo VI a una guerra de religión en la Península. Pero la connotación más destacada procede del personaje mitológico Leandro, cuya historia de amor con Hero convirtió su nombre en símbolo del amante capaz de arriesgar la vida por amor. No tiene relación con Alejandro.
Variantes: *cat.* Lleandre; *gall.* Leandre; *eus.* Lander; *fr.* Léandre.
Leandro Fernández de Moratín, autor dramático, poeta y ensayista ilustrado español (1760-1828). **Leandro Alviña,** violinista y folclorista peruano (1880-1919).

Lech *S/on.*
Nombre polaco, variante de Lucio.
Lech Walesa, dirigente sindical polaco, presidente de su país (1943).

Leocadio *On. 9-12*
En femenino, nombre de la patrona de Toledo, muy popular en el siglo pasado y algo en desuso hoy. Del griego *leukádios,* 'habitante de las islas de Leucade' (a su vez, este nombre significa 'rocas blancas').
Variantes: *cat.* Llogai, Leocadi; *gall.* Locaio; *eus.* Lakade; *fr.* Léocadie.

León *On. 30-6*
Del griego *léon,* nombre típicamente masculino, alusivo a la bravura del animal, símbolo además de la soberanía, el poder y la justicia.
Variantes: Leo, Leonardo, Leoncio, Leónidas, Leonildo, Leonilo, Leonel, Leonoro; *ast.* Lon; *cat.* Lleó; *fr.* León; *ing. al.* Leo; *it.* Leone; *ruso,* Lev.
León Blum, político francés de familia judía (1872-1950). **Lev Tolstoi,** escritor ruso (1828-1910). **Lev Trotski** (Lev Davidovich Bronstein), teórico marxista, escritor y político soviético (1879-1940). **Léo Ferré,** cantautor francés, poeta de la anarquía (1916-1993).

Leonardo *On. 6-11*
Adaptación germánica del clásico León, junto con el sufijo *-hard*, 'fuerte', presente en numerosos antropónimos (cf. Arduino, y Abelardo). Desde sus cinco santos portadores hasta el más célebre de todas las épocas, el artista e inventor renacentista italiano Leonardo da Vinci, el nombre ha gozado siempre de favor universal.
Variantes: *cat.* Lleonard; *gall.* Leonardo; *eus.* Lonarta; *fr.* Léonard; *ing.* Leonard (hips. Len, Lennie); *al.* Leonhard; *it.* Leonardo.
Leonard Bernstein, compositor y director de orquesta estadounidense (1918-1990). **Leonardo Torres Quevedo,** ingeniero español (1852-1936). **Leonardo Boff,** religioso brasileño, defensor de la teología de la liberación (1938). **Leonard Norman Cohen,** cantautor canadiense (1934). **Leonardo DiCaprio,** actor de cine estadounidense (1974).

Leónidas *On. 22-4*
Del griego *leonidas*, '(valiente) como el león'. Nombre de un rey de Esparta del siglo v a.C., héroe en la batalla de las Termópilas.
Variantes: Leónides; *cat.* Leònides; *gall.* Leónidas.
Rafael Leónidas Trujillo, dictador de la República Dominicana (1891-1961). **Leonid Brezhnev,** dictador de la Unión Soviética (1906-1982).

Leopoldo *On. 15-11*
Del germánico *leud-bald*, 'pueblo audaz', muy popular en la Edad Media y renacido en el último siglo por algunos soberanos belgas.
Variantes: Leobaldo, Leodobaldo; Poldo, Poli (hips.); *cat. ing. al.* Leopold; *eus.* Lopoldo; *fr.* Léopold.
Leopoldo Alas, *Clarín*, novelista y crítico literario español (1852-1901). **Leopoldo Lugones,** poeta argentino (1874-1938). **Leopoldo Pirelli,** empresario italiano (1925). **Léopold Sédar Senghor,** político y poeta senegalés en lengua francesa (1906-1986).

Liam *On. como Guillermo*
Forma hipocorística neerlandesa y gaélica de Guillermo.
Liam Nesson, actor cinematográfico irlandés (1956).

Liberto *On. 23-6*
Concurrencia del latín *libertus* ('liberto, esclavo que ha recibido la libertad') con el germánico *leud-berht*, 'pueblo ilustre'. Además, por similitud fonética, es identificado con Oliverio y con Leobardo.
Variantes: *cat.* Llibert; *it.* Lìbero.
Liberto Rabal, actor de cine español (1975).

Licerio *On. 27-8*
Del griego *Lykérios*, derivado de *lyke*, 'luz', o de *lykos*, 'lobo' (cf. Licio).
Variantes: *cat.* Lleïr, Liceri.
San Lleïr, obispo de Lleida, muerto en «guerra santa» contra el Islam en el siglo x.

Licinio *On. 7-8*
Gentilicio de Licia, portado por un emperador romano del siglo IV.
Variantes: *cat.* Licini; *gall.* Licinio.
Licinio de la Fuente, político español de la era franquista.

Lino *On. 23-9*
Del nombre giego *Línos*, originado en la planta *linon*, 'lino', material del cual estaba hecho el hilo de la vida que cortaba Átropos, una de las parcas. *Línos* inventó la melodía funeraria, *aílinon*. Portado por el primer Papa después de san Pedro, lo que induce a relacionarlo también con el latín *linio*, 'ungir'. Es asimismo hipocorístico de otros nombres con esta terminación (Carolino, Paulino).

Variantes: *cat.* Lli, Linus; *gall.* Lino; *eus.* Lin; *fr. ing. al.* Linus; *it.* Lino.
Linus Carl Pauling, bioquímico estadounidense (1901-1994), premio Nobel de Química en 1954 y premio Nobel de la Paz en 1962. **Lino Eneas Spilimbergo**, pintor argentino (1896-1964).

Lisandro *S/on.*

Nombre de un militar y poeta espartano del siglo IV a.C., *Lysandros*, que significa 'hombre que desata, que libera'.
Variantes: *cat.* Lisandre; *gall.* Lisandro; *al.* Lisandro.
Lisandro Alvarado, antropólogo e historiador venezolano (1859-1929).

Livio *On. 21-2*

Nombre latino, procede del verbo *lino*, 'ungir', aunque otros lo relacionan con *liveo*, 'estar pálido' (de donde 'lívido').
Variantes: *cat.* Livi, Llivi; *al. it.* Livio.
Livio Sanuto, geógrafo italiano (1532-1587). **Tito Livio**, uno de los más acreditados historiadores romanos (59 a.C.-17 d.C.).

Lope *On. 25-9*

El lobo (*lupus*) desempeñó en la cultura clásica un importante papel: desde la fundación de Roma, donde aparecen Rómulo y Remo amamantados por una loba, a las *lupercalia*, fiestas orgiásticas que marcaban el final del invierno. La costumbre de usar este nombre como antropónimo continuó en la Edad Media en la antigua forma Lupo, y en la Edad Moderna con Lope, pero en la actualidad está casi abandonada.
Variantes: *cat.* Llop; *gall.* Lopo.
Lope de Rueda, actor, autor y empresario teatral español (h. 1505-1565). **Lope de Aguirre**, aventurero español en tierras americanas (h. 1510-1561).

Lorenzo *On. 10-8*
Cuenta la tradición que san Lorenzo, diácono de la Iglesia romana en el siglo III, mostró tal entereza durante su martirio (mientras lo quemaban en unas parrillas, pidió que le diesen la vuelta cuando consideró que, por un lado, ya estaba bastante asado), que logró desmoralizar a sus verdugos. El santo había nacido bajo un laurel, símbolo de la gloria y la inspiración, y su nombre, forma evolucionada de *Laurentius,* llevaba ya en sí esa idea de triunfo e ingenio que tan bien supo llevar a la práctica. Felipe II le consagró el monasterio de El Escorial, que tiene forma de parrilla invertida.
Variantes: Lecho, Loren (hips.); *ast.* Llorenzo; *cat.* Llorenç; *al.* Lorentz.
Lorenzo Milá, periodista de televisión español (1960).

Lot *On. 9-10*
En hebreo significa 'velo', 'cobertura'. Por su patrón, el personaje bíblico, sobrino de Abraham, que fue salvado con su familia de la destrucción de Sodoma, este nombre alude al carácter virtuodo de su portador.

Lotario *On. 7-4*
Del germánico *Chlotachari* o *Hlodari,* compuesto por los elementos *hlut,* 'fama', y *hari,* 'ejército'; significa 'ejército glorioso'. Se han llamado así varios reyes francos y un obispo santo del siglo VIII.
Variantes: *cat.* Lotari; *fr.* Lothaire; *ing.* Lothair, Lowter; *al.* Lothar.

Lucano *On. 30-10*
Del latín *lucanos,* que significa 'matinal', o gentilicio de Lucas.
Variantes: *cat.* Lucà; *it.* Lucano.
Marco Anneo Lucano, poeta y filósofo latino, autor de *La Farsalia*, compañero de Nerón, quien le obligó a suicidarse (39-65).

Lucas *On. 18-10*
Vida y luz son dos de las ideas positivas que transmite este nombre, del griego *Loukas*, donde aparece la misma raíz que en *Lucius:* la palabra *lux*, 'luz', aplicada a los *prima luce natus*, es decir, a los 'nacidos con la primera luz del día'. Igual metáfora sirve para expresar el hecho de traer una vida al mundo: dar a luz o alumbrar un nuevo ser. Su patrón, san Lucas, consolidó este significado, al ser uno de los encargados de «iluminar» la vida de Jesucristo en el tercer Evangelio.
Variantes: Lucano; *ast.* Llucas; *cat.* Lluc; *eus.* Luca, Luk; *fr.* Luc; *ing.* Luke; *al.* Lukas; *it.* Luca.
Lucas Cranach, pintor y grabador alemán (1472-1553). Luca Della Robbia, escultor y ceramista florentino (h. 1400-1482).

Lucho *On. como Luis*
Forma hipocorística de Luis, usada en Hispanoamérica.
Lucho Gatica, destacado cantante de boleros.

Luciano *On. 7-1*
Del latín *Lucianus*, gentilicio de Lucas, variante de Lucano.
Variantes: *ast.* Chano; *cat.* Lluçà, Llucià; *eus.* Luken; *gall.* Xano (hip.).
Luciano Pavarotti, tenor italiano (1935). Lucian Freud, pintor británico de origen alemán (1922). Luciano Benetton, empresario italiano (1935).

Lucio *On. 3-12*
Tener la luz en el nombre es una cualidad muy apreciada. Se forma, como Lucas, a partir de la raíz, *lux*, 'luz', y el nombre *Lucius* se reservó a los *prima luce natus,* es decir, a los nacidos con el alba. Es un término intensamente connotado, alusivo a la vida y también a las lu-

ces de la creación del alma y la mente. San Lucio, rey de Inglaterra en el siglo II, el primero que se convirtió al cristianismo, parece ser que hizo gala de una prodigiosa luz espiritual, y el filósofo estoico hispanorromano Lucio Anneo Séneca, ha quedado en la historia como paradigma de hombre de luces.

Variantes: Lucelio, Luciano, Lucindo, Lucidio, Lucino, Lucinio; *cat.* Lluç, Lluci; *port.* Lúcio.

Lucio Vicente López, escritor argentino (1848-1893). **Lúcio Costa**, arquitecto y urbanista brasileño (1902-1998).

Lucrecio   *On. 3-3*
Del latín *lucro*, 'ganar': 'el que ha ganado, el que está aventajado'.
Variantes: Luqui (hip.); *cat.* Lucreci.

Tito Lucrecio Caro, poeta y filósofo latino del siglo I a.C.

Luis   *On. 21-6*
Nombre germánico, para el que se han aportado distintas etimologías. Su significación más plausible es 'famoso en la batalla', por la unión de *hluot*, 'gloria' (la fama o la celebridad es 'lo que hace ruido', así que esta raíz la hallamos también tras el alemán *laut* y el inglés *loud*, 'sonoro'), y *weg* o *wig*, 'guerra', que daría asimismo 'guerrero ilustre'. El primer *Hluotweg* fue Clodoveo, fundador del reino franco, de donde pasó a la forma *Chlodovechus*, de ésta a *Ludovicus*, y por fin, a la forma actual. Con esta fuente onomástica concurren el germánico *Liuva*, derivado de *leuba*, 'amado'; y *all-wisa*, con el significado 'sabio eminente', que daría en las formas *Aloysius* y derivados, consideradas hoy equivalentes de Luis. Pero el primer origen ha sido el más aceptado, y su significación de 'combatiente glorioso', e incluso 'invicto' (su

misma raíz *wig* está en la palabra 'victoria'), ha sido confirmada por sus portadores, empezando por su patrón san Luis (1214-1270), con quien la monarquía de los Capetos alcanzó su mayor esplendor. El nombre de Luis, con esa evocación de la nobleza y el triunfo, se convirtió en el más querido por la casa real de Francia, un país reconocido por su afición a la *grandeur*.

Variantes: Alviso, Clodoveo, Ludovico; Lucho, Luiso (hips.); *cat.* Lluís; *gall.* Loís, Luís; *eus.* Aloxi, Koldobika, Luki; *fr.* Louis, Clovis, Looys, Loys; *ing.* Lewis; *al.* Ludwig; *it.* Luigi, Aloïsio; *port.* Luiz; *prov.* Aloisio; *véneto,* Alvise; *húng.* Lajos; *eslavo,* Ludwick.

Ludwig van Beethoven, compositor alemán (1770-1827). **Louis Pasteur**, biólogo francés (1822-1895). **Louis Armstrong**, músico de jazz estadounidense (1900-1971). **Luigi Pirandello**, escritor italiano (1867-1936). **Lluís Llach**, cantautor catalán (1948). **Lou Reed** (Louis Fairbank), roquero estadounidense (1942). **Luis del Olmo**, periodista radiofónico español (1937). **Lluís Llongueras**, peluquero catalán (1936).

Lupercio *On. 30-10*
Del latín *Lupercus*, nombre del dios Pan o de uno de sus sacerdotes, por su relación con los lobos (*lupus*).
Variantes: Luperco; Luperio, Lupiano, Lupino, Lupiciano, Lupicinio, Lupicino; *cat.* Luperci.

Lupercio Leonardo de Argensola, poeta barroco español (1559-1630).

Luquino *S/on.*
Gentilicio italiano de *Lucca*, Lucas.
Luchino Visconti, director cinematográfico italiano (1906-1976).

M

Macario   *On. 15-1*

Con este nombre se expresa la confianza en que el recién nacido disfrute una vida llena de bienaventuranzas. Procede del griego *makar,* 'feliz', de donde *makarios,* 'que ha alcanzado la felicidad'. Se popularizó a partir de la primera palabra del Sermón de la Montaña «Bienaventurados los pobres de espíritu...». Otra etimología posible es *machaera,* 'espada', interpretado como 'el que lleva la espada' (cf. Hildebrando, Igor).

Macario, arzobispo de Novgorod, metropolita de Moscú y consejero de Iván el Terrible en el siglo XVI. **Makarios,** arzobispo de Chipre, gobernador de su parte griega (1913-1977).

Magín   *On. 25-8*

Nombre popular en Tarragona por un ermitaño del siglo IV. Del latín *maginus,* quizá de *magnus,* 'grande', o, mejor, variante de *Maximus.* Variantes: Magino; *ast.* Maxim; *cat.* Magí, Magem; *gall.* Maxín.

Magí Morera i Galícia, escritor y político español (1853-1927).

Makani   *S/on.*

Nombre de varón hawaiano. Significa 'viento'.

Malvino   *S/on.*

Nombre de origen latino, procede de *malvinus,* derivado de *malva,* 'malva', germanizado con la raíz *win,* 'amigo'. Nada tiene que ver con las islas Malvinas, que proceden del francés *Malouines,* por los pescadores de Saint-Malo que allí se establecieron.

Mamés   *On. 17-8*
Del griego *Mamás*. Como antropónimo proviene del apodo de un santo de Paflagonia, martirizado en el siglo III, quien, según cuenta la tradición, fue llamado Mamás porque en su orfandad llamaba *mamá* (palabra no corriente en griego) a su madre adoptiva.
Variantes: Mamete, Mamas, Mama; *eus.* Maberta; *it.* Mamette.

Manar   *S/on.*
En árabe, este nombre expresa el deseo de que quien lo lleva se convierta en un líder del pueblo. Significa 'la luz que nos guía'

Manfredo   *On. 26-1*
El difusor de este nombre germánico (*mann-frid*, 'hombre pacífico, pacificador') fue un rey de Sicilia del siglo XIII, hijo de Federico II y defensor de su reino contra las ambiciones de Carlos I de Anjou.
Variantes: *cat.* Manfred; *gall. it. fr. ing. al.* Manfred.
Manfredo, rey de Sicilia (1231-1266).

Manrique   *On. 20-6*
Del germánico *manrich*, que significa 'hombre rico, poderoso'. Tomado en la práctica como variante de Amalarico.
Variantes: *cat.* Manric; *it.* Manrico.
Jorge Manrique, soldado y poeta español (h. 1440-1479).

Mansur   *S/on.*
Nombre árabe, significa 'protegido por la divinidad', y también, en relación con esta interpretación, 'vencedor', 'guerrero invicto'.
Almanzor (Ibn Abí Amir), victorioso caudillo musulmán español (944-1002).

Manuel *On. 1-1*

Los portadores de este nombre llevan consigo la mayor bendición, pues como aféresis del hebreo *Emmanuel*, Manuel significa 'el que está en compañía de Dios'. Fue el propio Jesús de Nazaret, a quien se asignó el sobrenombre de Emanuel, quien lo dotó de pleno significado: 'Dios con nosotros'. Otras fuentes vinculan este nombre a un personaje citado por el profeta Isaías e identificado posteriormente con el Mesías.

Variantes: Manolo, Lolo, Nelo (hips.); *ast.* Manualus; *cat.* Manel; *eus.* Imanol, Manu; *al.* Mannel; *it.* Emanuele.

Manuel Azaña, escritor español y político (1880-1940). **Manuel de Falla**, compositor español (1876-1946). **Manuel Benítez**, *el Cordobés*, torero español (1936). **Manolo Santana**, tenista español (1938). **Manuel Vázquez Montalbán**, escritor español (1939). **Joan Manel Serrat**, cantautor español en lenguas castellana y catalana (1943). **Manuel Estiarte**, jugador de waterpolo español, máxima figura de este deporte (1961).

Marcelino *On. 29-5*

Gentilicio de Marcelio o Marcelo (*Marcellinus*).

Variantes: *ast.* Llinu; *cat.* Marcel·lí; *eus.* Martxelin; *it.* Marcellino.

Marcelin Berthelot, químico y político francés (1827-1907). **Marcelino Menéndez y Pelayo**, erudito español (1856-1912). **Marcelino Camacho**, sindicalista español (1918).

Marcelo *On. 16-1*

Del latín *Marcellus*, diminutivo de *Marcus*. Como en Marcos, Marciano, Marcelino o afines, en el origen de este nombre se han cruzado dos etimologías, la de *malleus*, 'martillo', y la del genitivo de Marte, precisamente el dios de la guerra y el vigor, el que golpea.

Variantes: Marcelio. Marce (hip.); *cat.* Marcel; *gall.* Marcelo; *eus.* Markel, Martzel; *al.* Marcel; *it.* Marcello.

Marcel Breuer, arquitecto y diseñador industrial estadounidense de origen húngaro, miembro destacado de la Bauhaus (1902-1981). **Marcel Proust**, escritor francés (1871-1922). **Marcel Duchamp**, pintor francés (1887-1968). **Marcello Mastroianni**, actor de cine y teatro italiano (1924-1996).

Marcial   *On. 3-6*
Nombre de origen latino, procede de *martialis*, que significa 'relativo, consagrado a Marte', dios de la guerra.
Variante (forma catalana): Marçal; *eus.* Martza; *fr.* Martial; *it.* Marziale.
Marçal (Marcel·lí Gonfau i Casadesús), militar carlista (1814-1855). **Marco Valerio Marcial**, escritor latino del siglo I. **Marcial Lafuente Estefanía**, prolífico escritor español.

Marciano   *On. 26-3*
Patronímico de *Martius*, Marcio, forma adjetivada, a su vez, de *Mars*, por Marte, el dios de la guerra en la mitología romana. Significa 'hijo de quien pertenece a Marte', interpretado como 'hijo del guerrero'.

Marcos   *On. 25-4*
Nombre recio por sonoridad y significado. Tanto si es cierta su etimología más aceptada, que por abreviación de *Marticus* lo deriva de Marte, como si procede del latín arcaico *marcus,* 'martillo' (por ser Marte el dios que golpea), la alusión a la fortaleza queda garantizada: el nombre acabó significando 'hombre' por antonomasia (por la raíz *mar*, 'varón', de donde 'marido'); por añadidura, el símbolo de su patrón, el evangelista san Marcos, es el león alado. Muy utilizado en la antigüedad, con portadores tan ilustres como Marco Antonio, lugarteniente de César y amante de Cleopatra, y el sabio emperador Marco Aurelio, este nombre ha recuperado su popularidad, sin perder su marcado acento clásico.

Variantes: Marco, Marcelino, Marcelo, Marcial, Marciano, Marcio; *ast.* Marcones; *cat. fr.* Marc; *eus.* Marka; *ing. al.* Marcus, Mark; *it.* Marco.

Marc Chagall, pintor francés de origen ruso (1887-1985). **Marco Polo**, viajero veneciano (1254-1324). **Mark Knopfler**, guitarrista de rock británico, miembro de *Dire Straits.* **Mark Spitz**, nadador estadounidense (1950). **Marcus van Basten**, jugador de fútbol holandés (1964). **Marco Pantani**, ciclista italiano (1970).

Mariano *On. 19-8*

Como gentilicio del primitivo Mario, derivado de *Marianus*, este nombre está en la órbita guerrera del dios Marte. Sin embargo, su vinculación posterior a la devoción a la Virgen María parece innnegable. No guarda relación alguna con los femeninos *Marianne* (francés) o *Marianna* (italiano), compuestos de María y Ana.

Variantes: *cat.* Marià; *gall.* Mariano.

Mariano José de Larra, escritor y periodista español (1809-1837). **Marià Fortuny**, pintor y grabador español (1838-1874). **Marià Vayreda**, pintor y escritor español en lengua catalana (1853-1903). **Mariano Haro**, corredor de fondo español (1940).

Marino *On. 4-9*

Del latín *marinus*, 'marinero, del mar', como Pelagio, Morgan, Póntico.

Variantes: Marín; *ast. gall.* Mariño; *cat.* Marí; *eus.* Maren; *fr.* Marin.

Marino Marini, pintor y escultor italiano (1901-1980). **Marí Civera**, político, sindicalista y escritor valenciano (1900-1975).

Mario *On. 19-1*

Si atendemos a sus dos posibles orígenes etimológicos, este nombre encierra una auténtica coincidencia de contrarios: el poder para la guerra, en tanto derivación del nombre del dios Marte, y el amor a la paz en su más alto grado, si lo consideramos el masculino de María. Parece, con todo, más probable el primer origen, pues lo hallamos en Roma ya antes de Cristo, con Mario el general romano adversario de Sila y defensor de los derechos del pueblo; pero la resonancia del nombre de María es evidente y aporta una notable dulzura al antropónimo.

Variantes: *cat.* Màrius; *fr. ing.* Marius.

Mario Moreno, *Cantinflas*, actor cinematográfico mexicano (1911-1993). **Mario Benedetti**, escritor uruguayo (1920). **Mário Soares**, político portugués, presidente de su país (1925). **Mario Vargas Llosa**, escritor y político peruano (1936).

Marlon   *S/on.*

Nombre anglosajón, posiblemente del francés arcaico, con el significado de 'pequeño halcón', animal sagrado en las pueblos celtas. Se ha relacionado también con el femenino Marion, variante de María.

Marlon Brando, actor cinematográfico estadounidense (1924).

Martín   *On. 11-11*

Su significado original, 'hombre marcial, belicoso, guerrero' (por *martinus*, gentilicio del dios Marte) se tiñó más tarde del áurea de paz de san Martín de Tours (316-397), santo francés por excelencia, de cuya capa (que el santo cortó en dos mitades para compartirla con un pobre y Carlomagno convirtió en su reliquia más preciada) procede el sustantivo *capella*, 'capilla', que es como se llaman los pequeños oratorios privados.

Variantes: *ast.* Martine; *cat.* Martí; *gall.* Martiño; *eus.* Martiñ, Matin, Maxin; *fr. ing. al.* Martin; *it.* Martino.

Martín Luther King, activista por los derechos humanos estadounidense (1929-1968). **Martin Scorsese**, cineasta estadounidense (1942). **Martín Fiz**, campeón español de maratón (1963). **Martin Amis**, novelista británico (1949).

Martiniano   *On. 2-7*

Nombre latino, gentilicio de Martín: *Martinianus*, 'relativo a Martín' o 'de la familia de Martín'.

Martiniano Leguizamón, escritor argentino (1858-1935).

Mateo   *On. 21-9*

Es una variante helenizada de Matías, portada por san Mateo, uno de los doce apóstoles. Antes de apóstol, era recaudador de tributos, razón por la cual acabó por convertirse en el patrón de los aduaneros. Por influencia de su santo patrón, autor, según la tradición, del primer Evangelio, el nombre suele asociarse a escritores y sabios.

Variantes: *ast. cat.* Mateu; *gall.* Mateo; *eus.* Matai; *fr.* Mattieu; *ing.* Matthew; *al.* Matthaeus; *it.* Matteo.

Mateo Alemán, escritor español (1547-1614). Mateu Morral, anarquista español (1880-1906). Mateu Orfila, médico y químico español (1787-1853). Mateo Garralda, jugador de balonmano español (1969).

Matías   *On. 24-2*

Es uno de los clásicos nombres hebreos de significación teófora. Su evocación divina es clara por su segundo elemento, aunque existen dudas acerca del primer elemento, que tanto puede ser una simplificación de Matatías, de *mattith-yah*, 'don de Yahvé', como proceder de *math-yah*, que daría 'fiel a Dios'. De esta fidelidad fue ejemplo su patrón, el discípulo de Jesús elegido duodécimo apóstol para sustituir a Judas.

Variantes: Macías; *ast.* Macias; *cat.* Maties, Macià; *gall.* Matias; *fr.* Mathias; *ing. al.* Matthias (hip. Matt); *it.* Mattia.

Matías Prats, locutor de radio español. Mats Wilander, jugador de tenis sueco (1964). Matt Damon, actor de cine estadounidense (1974).

Mauricio *On. 22-9*
Nombre de origen latino, de *Mauritius*, gentilicio de Mauro.
Variantes: Maurilio, Maurilo, Maurino; *cat.* Maurici; *eus.* Maurixi; *fr.*
Maurice; *ing.* Maurice, Morris; *al.* Mauritius; *it.* Maurizio.
Maurice Ravel, compositor francés (1875-1937). Maurice Béjart, bailarín y coreógrafo
francés (1927). Maurice Chevalier, actor y *chansonnier* francés (1888-1972). Maurice
Maeterlinck, escritor belga (1862-1949). Maurizio Pollini, pianista italiano (1942).

Mauro *On. 15-1*
Del griego *mauros*, 'oscuro', aplicado especialmente a los habitantes de
la región africana llamada Mauritania (amplia franja del Magreb que corresponde además al actual Marruecos y a la mayor parte de Argelia),
de ahí provienen los *mauros*, o sea, los 'moros'. Más tarde, en alusión
al color de su piel, pasó a significar 'prieto', 'moreno', 'oscuro'.
Variantes: *cat.* Maur; *gall. port.* Amaro; *eus. fr.* Maure; *al.* Maurus.

Max *On. como Maximiliano*
Forma hipocorística muy extendida de un gran número de nombres, entre ellos Máximo, Maximino, Maximiano y Maximiliano. Es muy popular
en los países anglosajones, y cada vez más en España.
Max Aub, escritor de origen alemán en lengua castellana (1903-1972). Max Plack, físico alemán (1858-1947). Max Weber, sociólogo alemán (1864-1920).

Maximiliano *On. 12-3*
Del latino *Maximilianus*, expresión que significa 'varón máximo de la
familia Emilia', derivando posteriormente al nombre actual. Evocador
de emperadores, desde Maximiliano I, archiduque de Austria a principios del siglo XVI, es todavía popular en Alemania.

Variantes: *cat.* Maximilià; *fr.* Maximilien; *al.* Maximiliane (hip. Max); *ing.* Maximilian; *it.* Massimiliano.

Maximilien de Robespierre, político y revolucionario francés (1758-1794). **Maximilian Schell**, actor estadounidense de origen alemán. **Maximiliano de Habsburgo**, emperador de México, derrocado y fusilado en Querétaro (1832-1867).

Maximino *On. 25-1*
Nombre latino, procede *Maximinus*, que significa 'relativo a, de la família de Máximo'.

Maximino I de Tracia, pastor que se convirtió en emperador de Roma (h. 173-238).

Máximo *On. 14-4*
Del latín *Maximus* (superlativo de *magnus,* 'grande'), significa 'máximo, mayor', y solía aplicarse al hijo «mayor», al primogénito de una familia. También posee un claro sentido moral:, 'el más fuerte, el más noble'. Popularizado por dos emperadores romanos y muy frecuente en Roma, como atestiguan sus derivados: Maximino, Maximiano, Maximiliano.

Variantes: *cat.* Màxim; *gall.* Maximo; *eus.* Masima; *fr.* Maxime; *ing.* Maxim; *al.* Maximus; *it.* Massimo.

Maxim Gorki (Alexéi Maxímovich Pechkov), escritor y político ruso (1868-1936). **Máximo Morera**, político y poeta español (1853-1927). **Máximo Gómez**, héroe de la independencia de Cuba (1836-1905).

Mayer *S/on.*
Variante de Meyer, es en realidad un apellido alemán, también empleado como nombre. Significa 'aparejo, carga de un buque'.

Mayer Amschel Rothschild, magnate judío de la banca y finanzas alemanas, fundador de su dinastía (1743-1812).

Medardo *On. 8-6*
Del germánico *maht-hard*, reduplicación de la voz 'fuerte'. O quizá de
mods, 'espíritu, valor'. Traducible por 'gobernante fuerte'.
Variantes: *cat.* Medard; *eus.* Meder; *al.* Medardus.
Medardo Rosso, escultor italiano (1858-1928).

Medín *On. como Emeterio*
Variante de Emeterio, muy usada en Cataluña por san Medir, santo del
siglo III que tiene todavía hoy mucho predicamento en Barcelona.
Variantes: *cat.* Medí, Medir.

Megan *S/on.*
Nombre galés de varón, que significa 'fuerte'.
Forma hipocorística: Meg.

Melanio *On. 31-12*
Nombre de origen griego, cuyo significado es 'negro, oscuro', y de
ahí, 'de tez oscura, moreno'. Popular en su forma masculina desde san
Melanio, obispo francés de Rennes en el siglo VI.
Variantes: Melas; Mel (hip.); *cat.* Melani; *ing.* Meloney, Mellony, Melloney.
Mel Ferrer, actor de cine estadounidense de origen español. Mel Gibson, actor y director de cine australiano (1956).

Melchor *On. 6-1*
Ha sido tradicionalmente asignado a uno de los reyes de Oriente que
fueron a adorar a Jesús, más en concreto, al representante de los pueblos semitas mediterráneos. Su origen es hebreo: *malki-or*, 'rey de la
luz'. El nombre invita a quien lo lleva a la generosidad y a la nobleza.

Variantes: *cat.* Melcior; *eus.* Meltxor; *port.* Melquior; *it.* Melchiorre; *fr. ing. al.* Melchior.

Melchior Frank, compositor barroco alemán. **Melchiorre Gioia,** economista y filósofo italiano (1767-1829). **Melcior Mauri,** ciclista catalán (1966).

Meliso *On. 24-4*
Nombre mitológico, portado por la nodriza de Júpiter. Proviene del nombre común *mélissa*, que significa 'abeja'.

Melitón *On. 1-4*
Del latín *mellitus*, 'dulce como la miel'. Las palabras griegas *mélissa*, 'abeja' y *méli*, 'miel', originaron multitud de nombres propios, con el contenido de 'dulce, agradable': Melindo, Meliso, Melitino, Melito, más habituales en sus respectivas formas femeninas.

Melker *S/on.*
Nombre sueco, de origen hebreo; significa 'rey'.

Melquíades *On. 10-12*
Nombre de origen griego, posible variante de Milcíades, nombre de un insigne general ateniense del siglo V a.C.; significa 'rojo, bermellón', o 'el que pertenece a la familia pelirroja'.
Variantes: Melcíades; *it.* Melchíade.
Melquíades Álvarez, político liberal español.

Melvin *S/on.*
De origen celta, significa 'jefe', 'caudillo guerrero'.
Variantes: Malvi, Melvyn.

Menahem *S/on.*
Variante moderna de la forma Manahén, personaje bíblico. Su significado, impreciso, parece ser 'consolador', 'el que anima'.
Menahem Begin, político israelí (1913-1992).

Mencio *On. 21-3*
Latinización del chino *Meng-tse*, que significa 'médico sabio', por *Mencius* o Mencio, filósofo chino de los siglos IV y III a.C., propagador de la doctrina de Confucio. Se usa también como hipocorístico de Clemencio.

Mendo *On. 11-6*
Contracción gallegoportuguesa de Menendo o Melendo, ambas a su vez formas ya contractas de Hermenegildo.

Miguel *On. 29-9*
Así se llamó el arcángel por excelencia, es decir, el príncipe de los ángeles (por el griego *arjós,* 'primero'), pues san Miguel fue quien capitaneó a los ángeles afectos a Dios cuando se sublevaron los ángeles díscolos de Lucifer. Su nombre procede precisamente del grito de desafío ante los rebeldes '¿Quién como Dios?', que en hebreo se escribe *mi-ka-El*. Según algunos exégetas, tras este episodio del Apocalipsis se halla un fenómeno astrónomico sucedido en tiempos remotos y al que los pueblos primitivos de Oriente Medio interpretaron en clave mítica: los extraños movimientos del planeta Venus (llamado Lucifer, o sea, el portador de la luz) en busca de una nueva órbita fueron leídos como la rebelión de un astro arrogante que pretendía usurpar el lugar del Sol. Los portadores de este nombre, interpretado también como 'Dios es justo, incomparable', llevan escrito en él el respeto hacia el orden, la justicia y lo sagrado.

Variantes: Micael, Miguelino; *ast.* Micael; *cat.* Miquel; *eus.* Mikel; *fr. al.* Michel; *ing.* Michael (hips. Mike, Mickey); *it.* Michele; *finlandés,* Mika; *ruso,* Mijaíl; *rumano,* Mihaí.

Miguel de Cervantes Saavedra, escritor español, cumbre de la narrativa universal (1547-1616). **Michael Collins**, héroe del nacionalismo irlandés (1890-1922). **Michael Jackson**, cantante estadounidense, «el rey del pop» (1958). **Miguel Delibes**, novelista español (1920). **Mijaíl Gorbachov**, político ruso, último dirigente de la Unión Soviética (1931). **Michael Jordan**, mito del baloncesto estadounidense (1963). **Michel Platini**, futbolista francés (1955). **Mick Jagger**, cantante británico (1943). **Miguel Induráin**, ciclista español, ganador de cinco Tours (1964). **Michael Schumacher**, piloto alemán de Fórmula 1 (1969).

Mika *On. 29-9*
Forma finlandesa de Miguel, a través de *Mikael*.
Mika Waltari, escritor finlandés (1908-1979). **Mika Hakkinen**, piloto finlandés.

Milan *On. como Amando*
Forma eslovaca de Amando o Amato.
Milan Kundera, novelista checo (1929).

Milos *S/on.*
Nombre portado por algunos reyes de Serbia, cuyo origen está emparentado con el latín *Milus*, frecuente en nombres germánicos. Puede ser hipocorístico del eslavo *Miloslav,* que significa 'amante de la gloria'.
Milos Forman, realizador cinematográfico checo (1932).

Milton *S/on.*
De la raíz inglesa *mill*, 'molino', con el sufijo -*ton*, 'campamento, establecimiento' o 'ciudad'. Significa 'la hacienda del molino'. Aunque en prin-

cipio fue sobre todo un apellido, en los países anglosajones se adoptó como nombre de pila desde la fama del poeta del siglo xvii John Milton.
Milton Friedman, economista estadounidense (1912), premio Nobel en 1976.

Millán *On. 12-11*
Variante de Emiliano, que se extendió en nuestro país por san Millán, longevo y virtuoso eremita de la España visigótica del siglo vi.

Miroslav *S/on.*
Popular nombre eslavo, que significa 'paz', por su primer componente, y 'gloria', por *slava*. No es equivalente a Miloslav.
Variantes: Mirko, Mirek.

Modesto *On. 24-2*
Del latín *Modestus*, significa 'el que observa la justa medida', es decir, 'moderado', que actúa con moderación. Es derivado de la palabra *medus,* 'moderar, regular' (cf. con el inglés *med,* 'balanza').
Variantes: *cat.* Modest; *eus.* Eratsi; *fr.* Modeste; *al.* Modest.
Modest Musorgski, compositor ruso (1839-1881). **Modest Urgell**, artista español (1839-1919). **Modest Cuixart**, pintor español (1925).

Mohamed *On. 23-7*
Nombre árabe, derivación de *Muhammad,* nombre de Mahoma, el profeta de Alá. En realidad no es un nombre, sino un título que equivale a 'honorable', 'muy alabado'. Es muy popular en el mundo islámico.
Variantes: Moammad, Mohamed, Mahmud, Mahmoud, Amed, Ahmad.
Mohamed Ali (Classius Clay), boxeador estadounidense, una de las máximas figuras de la historia de este deporte (1942). **Moammar al-Gaddafi**, militar y político libio (1942).

Moisés   *On. 4-9*
Nombre del gran patriarca bíblico, conductor del pueblo judío hacia la Tierra Prometida y verdadero fundador de la religión monoteísta. La interpretación tradicional del antropónimo *Moshéh*, 'salvado de las aguas', alude al conocido episodio de su niñez, cuando fue recogido en un canastillo de las aguas del río Jordán, y parece, como en tantos otros nombres bíblicos, una creación popular posterior. Más probable es que proceda del egipcio *mesu*, que significa 'niño', 'hijo'.
Variantes: *cat.* Moisès; *eus.* Mois; *fr.* Moïse; *ing. al.* Moses; *it.* Mosè.
Moïse Kisling, pintor y diseñador francés de origen polaco (1891-1953). Moshe Dayan, militar israelí, héroe de la guerra de los Seis Días (1915-1981).

Morgan   *On. 22-9*
Nombre de origen celta. Significa 'hombre del mar'.
Morgan Freeman, actor de cine estadounidense (1937).

Mustafá   *On. como Mohamed*
De *Muztafa*, variante popular de Muhammad; significa 'el elegido'.

N

Nabor *On. 12-6*
De origen hebraico, significa 'sincero', 'el que dice la verdad'. También puede interpretarse como 'luz del profeta'.

Nadir *S/on.*
Nombre árabe, que significa 'querido', o también, 'excepcional'. Como sustantivo común, de origen también árabe, se denomina 'nadir' al punto de la esfera celeste diametralmente opuesto al cenit.

Naguib *S/on.*
Nombre y apellido árabe. De *najib*, 'ilustre, de noble alcurnia'. Se considera equivalente al nombre también árabe Nabil.
Variantes: Neguib, Najib, Nahib.
Naguib Mahfouz, novelista egipcio, en 1988 le fue concedido el premio Nobel (1911).

Nahum *On. 1-12*
Del hebreo *Nahhum*, forma abreviada de *nehemya*, 'Dios consuela', 'Dios es misericordioso'. Puede considerarse equivalente a Juan, el nombre más extendido, en sus distintas variantes, por todo el Occidente cristiano.
Naum Gabo, escultor ruso-estadounidense (1890-1977).

Namid *S/on.*
En chippewa, lengua aborigen del continente americano, significa 'el que danza con las estrellas'.

Nantán *S/on.*
Nombre apache, que significa 'portavoz del pueblo'.

Napoleón *On. 15-8*
Nombre relacionado con las palabras italianas *Napoli* (Nápoles) y *leone*, 'león'. Pero quizás haya que buscar su auténtico origen en *Nepo*, variante de *Lapo*, hipocorístico toscano de *Iácopo* (Jaime).
Variantes: *cat.* Napoleó; *fr.* Napoléon; *it.* Napoleone.
Napoleon Bonaparte, político y militar corso, emperador de Francia (1769-1821).
José Napoleón Duarte, político salvadoreño (1925-1990).

Narciso *On. 29-10*
Del griego *Narkissos*, forma de *narkao*, 'producir sopor' (de donde deriva la palabra *narcótico*), aludiendo al aroma de la planta. Narciso, en la mitología griega, era un joven de gran belleza, muerto de inanición al no poder dejar de contemplar su propia imagen en el río. De ahí procede el término *narcisismo*. Posteriormente, este nombre mitológico fue cristianizado por san Narcís, supuesto obispo gerundense del siglo X, abogado de la humanidad contra la peste.
Variantes: Chicho, Nachito (hips.); *cat.* Narcís; *eus.* Narkis; *al.* Narzis; *fr.* Narcisse.
Narcís Monturiol, político e inventor español (1819-1885). **Narcís Oller**, novelista catalana (1846-1930). **Narciso Yepes**, músico y virtuoso guitarrista español (1927). **Chicho Ibáñez Serrador**, director y productor de programas de televisión español (1935).

Nasser *S/on.*
Nombre árabe. Significa 'victoria'.
Gamal Abdel Nasser, estadista egipcio, líder de los países árabes (1918-1970).

Natalio *On. 31-10*
Variante del nombre Natal, que alude al día natalicio por antonomasia, el del Salvador (por lo que también se celebra su onomástica el 25 de diciembre). Es equivalente a Epifanio.
Variantes: *cat.* Natali.
Bernard Nathalie Halpern, médico francés, investigador de las alergias (1904-1978).

Natán *On. como Natanael*
Nombre de origen hebreo. Significa 'regalo de Dios'.
Variantes: *cat.* Natan; *al.* Nathan.
Natán, profeta bíblico, amigo de David. Nathan Weinstein (Nathaniel West), escritor estadounidense (1903-1940).

Natanael *On. 4-7*
Del hebreo *nathan-ael*, 'regalo de Dios'. Natanael, personaje bíblico, fue famoso por haber sido elogiado por Jesús. Entre sus sinónimos están Jonatán, Diosdado, Teodoro, Doroteo, Teodosio, Donato.
Variantes: Natán, Nataniel; *cat.* Nataniel, Natanael; *ing.* Nathaniel.
Nathanael Carpenter, filósofo y polígrafo inglés del siglo XVII. Nathaniel Hawthorne, novelista estadounidense (1804-1864).

Nazario *On. 28-7*
Nombre bíblico, del hebreo *nazer*, que significa 'flor', 'corona', aludiendo a una ceremonia de iniciación hebraica, por lo que podría considerarse como equivalente de 'coronado', 'consagrado' (del mismo origen es el nombre Nazareno, que nada tiene que ver con la villa de Nazaret).
Variantes: *cat.* Natzari; *eus.* Nazari; *fr.* Nazaire; *it.* Nazaro, Nazzaro.
Philippe Nazaire François Fabre d'Églantine, escritor y político francés (1755-1794).

Neftalí *S/on.*
Del hebreo *naftulé*, que significa 'lucha'. En la Biblia, nombre del sexto de los doce hijos de Jacob, patriarcas de las tribus de Israel.
Ricardo Neftalí Reyes, más conocido como Pablo Neruda, poeta chileno (1904-1973).

Nehemías *S/on.*
Nombre de origen hebreo; significa 'consolado por Yahvé'. El personaje bíblico Nehemías, gobernador de Judea en el siglo V a.C., protagonizó el «consuelo» de su pueblo al reconstruir Israel.

Nelson *S/on.*
Apellido inglés, que equivale a *Neil's son*, 'hijo de Neil', o lo que es lo mismo, de Daniel. Usado como nombre por la popularidad del almirante inglés Horatio Nelson, héroe de Trafalgar en 1805.
Nelson Mandela, líder sudafricano de la lucha *antiapartheid*, presidente de su país (1918). Nelson Piquet, piloto de carreras brasileño, campeón del mundo de Fórmula 1.

Nemesio *On. 1-8*
Del latín *nemesius*, 'justiciero' (en Grecia, Némesis era la diosa de la justicia y de la venganza).
Variantes: Nemesiano; *cat.* Nemesi.
Nemesio Fernández Cuesta, lingüista y traductor español.

Nereo *On. 12-5*
Nombre derivado de *náo*, que significa 'nadar'. Tiene origen mitológico, por Nereo, en la mitología griega, hijo del Océano y de Tetis y esposo de Doris, pero ha sido adoptado por el cristianismo.
Variantes: *cat.* Nereu.

Néstor   *On. 4-3*

Es éste un nombre antiquísimo, conservado tal cual era en su forma original griega. Se desconoce su significado etimológico, aunque sí está claro el sentido que dejó grabado en él su portador más ilustre en la antigüedad, personaje mitológico que participó en la expedición del vellocino de oro y en la guerra de Troya, y que en *La Ilíada* aparece como el anciano y sabio rey de Pilos. Por alusión a esta figura, el nombre destaca la ejemplar prudencia, ecuanimidad y buen consejo de quien lo lleva.

Variantes: *cat.* Nèstor; *eus.* Nextor; *fr.* Nestor; *it.* Nèstore.

Nestor Makhno, guerrillero anarquista ucraniano (†1935). Nèstor Luján, periodista, gastrónomo y escritor español (1922-1995).

Nicanor   *On. 5-6*

Del griego *niké aner*, significa 'hombre victorioso'. Popular en los primeros siglos del Cristianismo, su uso decae hoy. Es sinónimo de Lauro.

Variantes: Nicandro; *eus.* Nikanor.

Nicanor Zabaleta, músico español, destacado intérprete de arpa (1907-1993).

Nicasio   *On. 11-10*

Como el latín Victorino, significa 'relativo a la victoria', pues procede del griego *niké*, 'victoria', y de ahí, *Nikasius*, 'victorioso'.

Variantes: *cat.* Nicasi; *eus.* Nikasi.

Nicasio Álvarez de Cienfuegos, poeta prerromántico español (1764-1809).

Niceto   *On. 5-5*

Nombre de origen griego *niketos*, que significa 'el de la victoria'. Compárese con Aniceto, 'imbatido'.

Niceto Alcalá Zamora, político republicano y jurista español (1877-1949).

Nicodemo   *On. 3-8*
Del griego *niké demos*, significa 'el que vence con el pueblo'. Para el cristianismo, un primer paso en ese triunfo lo dio el personaje bíblico así llamado, que con la ayuda de José de Arimatea dio sepultura a Jesucristo. Variantes: *cat.* Nicodem, Nicodemus; *ing.* Nicodemus; *it.* Nicodèmo.

Nicolás   *On. 6-12*
Dos sentidos fundamentales van asociados a este antropónimo: en primer lugar, por su origen en el griego *Nikoláos*, de *nikáo*, 'vencer', y *laós*, 'pueblo', alude a la heroicidad de quien personifica al pueblo vencedor; pero a este significado se suman las múltiples connotaciones positivas aportadas por san Nicolás, patrón de marinos y mercaderes muy venerado entre los griegos y en los países nórdicos, y héroe predilecto de los niños, pues su representación navideña (el holandés *Sinter Claes* dio paso a Santa Claus) se ha fundido con el Papá Noel de los católicos. Fue muy usado durante el Renacimiento, con portadores tan ilustres como el astrónomo polaco Nicolás Copérnico y el político florentino Nicolás de Maquiavelo.
Sinónimos: Liduvino, Nicodemo. Variante: Nicolao. Formas hipocorísticas: Colás, Colea, Nico, Niki. Ha dado lugar a múltiples apellidos en distintos idiomas: Nicolau, Nicholson, Collins, Coll, Nicoletti, etc. Variantes: *cat.* Nicolau; *gall.* Nicolo; *eus.* Mikolas, Nikola; *ing.* Nicholas (hips. Nicol, Nick); *fr.* Nicolas; *al.* Nikolaus, Niklaus (hip. Klaus); *it.* Nicola, Niccolò; *húng.* Miklós; *sueco,* Nils, Niels; *ruso,* Nikita (hip.).
Niccolò Paganini, violinista y compositor italiano (1782-1840). **Nicolai Rimski-Korsakov**, compositor ruso (1844-1908). **Nicolás Fernández de Moratín**, ilustrado español (1737-1780). **Cole Porter**, compositor estadounidense (1892-1964). **Niels Bohr**, físico danés, descubridor de las órbitas de los electrones (1895-1962). **Nick Faldo**, jugador de golf británico (1957). **Nicolas Cage**, actor de cine estadounidense (1964).

Nicomedes　*On. 15-9*
Nombre de origen griego, *nikomédes*, 'que prepara la victoria, que ansía vencer'. El rey de Bitinia, Nicomedes, fundó en el siglo III a.C. la ciudad de Nicomedia, cuna de numerosos santos protocristianos.

Nilo　*On. 25-9*
Nombre latino, derivado del del río *Nilus*, en Egipto. Tuvo predicación en la Edad Media por san Nilo, monje griego del siglo X que luchó contra el Islam y fundó en Calabria la abadía de Grottaferrata.
Variante: *cat.* Nil.

Nizam　*S/on.*
Nombre árabe, que significa 'organizador, rector'.

Noé　*On. 10-11*
Del hebreo *noah*, 'de larga vida, longevo', alusivo a la supervivencia al Diluvio por parte del patriarca bíblico Noé. Tal vez proceda de *noah*, 'reposo, descanso', por el sueño posterior a la primera libación de vino. Es sinónimo de Macrobio.
Variantes: *ast.* Noe; *cat.* Noè; *fr. it.* Noe; *ing.* Noah; *al.* Noah, Noe.
Noah Webster, lexicógrafo estadounidense, autor de un diccionario canónico (1758-1843).

Noel　*On. 25-12*
Variante en lenguas hispanas de *Noël*, forma francesa de Natividad.
Noel Clarasó, polígrafo español (1899-1985).

Nolan　*S/on.*
De origen gaélico; significa 'famoso', 'noble'.

Norberto   *On. 6-6*
Del germánico *nord-berht*, 'famoso hombre del Norte'. De la misma
raíz que Normán, con el sufijo -*berht*, 'brillante'.
Variantes: *cat.* Norbert; *eus.* Norberta; *fr. ing. al.* Norbert.
Norbert Font i Sagué, geólogo, espeleólogo y escritor español (1874-1910). Norbert
Wiener, matemático estadounidense, fundador de la cibernética (1894-1964).

Normán   *S/on.*
Del germánico *nord-mann*, 'hombre del norte'. De ahí también los
normandos, que es como se llamaban los pueblos que asolaron las
costas europeas en la Edad Media, y que tenían procedencias diversas,
si bien mayoritariamente escandinavas.
Variantes: Normando; *cat. ing.* Norman.
Norman Rockwell, artista estadounidense (1894-1978). Norman Foster, arquitecto británico (1935). Norman Mailer, periodista y escritor estadounidense (1923).

Nuño   *On. 2-9*
Derivación medieval del nombre latino *nonnius*, 'monje', o *nonius*,
'noveno', aplicado al hijo nacido en noveno lugar. Posiblemente influi-
do por el nombre vasco *muño*, 'cerro'.
Variantes: Nono, Nonio, Nonito, Nonicio, Nunilo; *cat.* Nunyo.
Nuño Álvarez Pereira, héroe nacional portugués del siglo xv.

Obdulio *On.* 5-9
Adaptación al latín del árabe *Abdullah*, 'servidor de Dios', por *Allah*, 'Dios', literalmente, 'lo alto', 'la divinidad'. Usado a veces impropiamente como equivalente de Odilio. Esta voluntad de sumisión a la divinidad es compartida por la onomástica árabe, judía y cristiana. Son sinónimos Abamón, Abdías, Abdiel, Abdón, Obedías, Teódulo.
Variantes: *cat.* Obduli.

Oberón *On. como Alberico*
Derivación de Alberico (francés *Alberic-Auberic-Oberic*), célebre en la mitología anglosajona por el rey de los elfos en la canción de gesta del siglo XIII *Huon de bordeaux,* y de las hadas y los genios del aire en la comedia de Shakespeare *Sueño de una noche de verano.*
Variante: *cat.* Oberó.

Octavio *On.* 22-3
Nombre latino, aplicado a los hijos nacidos en octavo lugar (*Octavus*). Famoso por el primer emperador romano, el sobrino de César, Octavio Augusto, a quien Roma debió medio siglo de paz, la *pax augusta.*
Variantes: Octaviano; *cat.* Octavi; *eus.* Otabi; *fr.* Octave; *ing.* Octavius; *al.* Oktavius.

Octavi Fullat, sacerdote escolapio y escritor español en lengua catalana (1928). **Octavi Saltor,** político español (1902-1982). **Octavio Paz,** ensayista y diplomático mexicano, premio Nobel de Literatura en 1990 (1914-1998).

Odilón   On. 1-1
Forma castellanizada de Oto.
Variantes: *cat.* Odiló; *fr.* Odilon.
Odilon Redon, grabador y pintor simbolista francés (1840-1916).

Odón   On. 18-11
Nombre de raíz germánica, semejante a Otón.
Odón Alonso, director de orquesta español (1933).

Ogima   S/on.
Nombre de varón chippewa, que significa 'jefe', 'caudillo guerrero'.

Olaf   On. 29-7
Del noruego *ano-leifr*, 'legado de los antepasados', 'heredero'.
Siempre popular entre los vikingos, fue especialmente notorio por
Olaf II, rey norso introductor del cristianismo en su país. Usado a ve-
ces, impropiamente, como hipocorístico de Oliverio.
Variantes: Olao, Olavo, Olof; *cat.* Olaf, Olau.
Olavo Bilac, escritor brasileño (1865-1918). Olav Aukrust, poeta noruego (1883-
1929). Olav V, rey de Noruega (1903-1991). Olof Palme, político sueco, figura de la
socialdemocracia (1927-1986).

Oleg   On. 11-7
Forma masculina del nombre escandinavo Helga, que también ha dado
Olga en femenino. Su etimología más probable procede de *heil*, 'salud',
y significó en su origen 'invulnerable'. El primer Oleg fue un vikingo
que en el siglo IX fundó un reino en la Rusia occidental. Más tarde, tras
la cristianización, el nombre adquirió el significado de 'santo'.

Olegario *On. 6-3*
Del germánico *helig*, que significa 'sano, intacto', y por extensión, 'invulnerable', y *gair*, 'lanza'. Puede interpretarse como 'la lanza de la suerte' o 'el guerreo invulnerable'. Quizá provenga de *ald-gard*, 'pueblo ilustre'.
Variantes: *cat.* Olegari, Oleguer.
Olegario Víctor Andrade, poeta y periodista romántico argentino (1839-1882).

Oliverio *On. 11-7*
Del noruego *Oláfr*, escrito *Oláver* en danés y sueco antiguo. Quizá proceda de *alfihari*, 'ejército de elfos', también se ha interpretado como 'reliquia de los antepasados'. Transformado en la Edad Media en la forma actual por alusión al huerto de los olivos de la Pasión, y extendido por Oliveros, uno de los más famosos paladines de Carlomagno.
Variantes: *cat.* Oliver, Oliveri; *fr.* Olivier; *ing. al.* Oliver; *it.* Oliviero; *port.* Oliveros.
Oliver Cromwell, político inglés (1599-1658). Oliver Hardy, actor cinematográfico estadounidense (1892-1957), compañero de Stan Laurel. Oliver Stone, director de cine estadounidense (1946).

Omar *On. 16-11*
Nombre árabe, que significa 'el constructor', por *amara*, 'construir, edificar'. Evoca a Umar, uno de los primeros discípulos del profeta Mahoma y, como tal, uno de los principales constructores del Islam. Concurre con el antecedente hebreo *omar*, 'elocuente'.
Variantes Omaro.
Omar Khayyam, poeta, astrónomo y matemático persa (h. 1050-1122). Omar Torrijos, militar y político panameño (1929-1981). Omar Sharif, actor de cine estadounidense de origen egipcio (1932).

Omer   On. 9-9
Derivación del teutón *Audomar,* que también ha dado Audomaro, de
menos uso. Compuesto por *auda,* 'propiedad', y *mar,* 'ilustre', significa 'famoso por su riqueza'. Concurre con Gómaro (*guma-maru,* 'hombre insigne'), sin olvidar la variante de Homero, nombre griego de
significado dudoso, interpretado como 'rehén', o como 'el que no ve',
de donde procede la tradición de que el célebre poeta fuera ciego.
Variantes: Omaro, Homero; *al.* Ömer.

Onésimo   On. 16-2
Nombre bíblico, portado por un personaje de las epístolas de san
Pablo. Del griego *onésimos,* 'útil', 'favorable', 'servicial'.
Variantes: *cat.* Onèsim; *fr.* Onesime.
Onésimo Redondo, político falangista español (1905-1936).

Onofre   On. 12-6
Se trata de uno de los pocos nombres egipcios hoy todavía en uso,
Unnofre, 'el que abre lo bueno', interpretado esotéricamente como 'el
que tiene acceso a lo sagrado'. Aunque también puede haber sido influido por el germánico *Unn-frid,* 'el que da la paz'. Se considera a veces, erróneamente, equivalente de Humphrey.
Variantes: *cat.* Nofre (hip.); *fr.* Onfroy; *it.* Onofrio (hips. Nòferi, Nofri).

Ordoño   On. 23-2
Nombre de origen germánico: *Ort-huni,* que significa 'espada de gi-
gante'. Se llamaron así cuatro reyes de Asturias y León en la alta Edad
Media, pero es un nombre hoy en desuso. Concurre con Fortunio.
Variantes: *ast.* Ordoñi; *cat.* Ordonyo, Fortuny.

Orencio   On. 10-8
Del latín *Orentius*, y éste, de *oriens*, 'oriente': 'oriental', 'que viene del este'. Por similitud fonética es asimilado a veces con Oroncio.
Variantes: *cat.* Orenç, Orenci; *eus.* Orentzi; *gall.* Ourente.

Orestes   On. 13-12
Nombre de origen griego: *Orestés*, que significa 'montañés' (por *oros*, 'montaña'). Lo popularizó el héroe mitológico griego, hijo de Agamenón y Clitemnestra, vengador del asesinato de su padre.
Oreste Baratieri, ilustre general italiano (1841-1901).

Oriol   On. 23-3
En el fondo de este nombre hay oro, que en latín es *aurum*. Equivalente de Aurelio, este nombre procede del catalán Oriol y del francés Auriol. Así se denominó en catalán la pequeña ave llamada oropéndola, por su color dorado. En la Edad Media se registran en Cataluña algunos *Auriol*, de *Oriollus;* pero la popularidad actual del nombre arranca de san Josep Oriol (1650-1702), místico, taumaturgo y sanador que llegó a ser tan amado y admirado en la Barcelona de su tiempo, que su apellido se puso de moda como un popular nombre de pila.
Oriol Bohigas, arquitecto y urbanista español (1925). Oriol Grau, actor y director teatral español en lengua catalana (1964).

Orlando   On. 20-5
Nombre de origen germánico: *Ort-land*, que significa 'espada del país'. Identificado posteriormente con Rolando, del que se considera su forma italiana, pues aparece por primera vez con el protagonista de la obra *Orlando furioso* del italiano Ludovico Ariosto.

Orlango Gibbons, compositor y organista inglés (1583-1625). **Ernest Orlando Lawrence** (1901-1958), físico norteamericano, premio Nobel de Física en 1939.

Orson *S/on.*

Apellido anglosajón, identificado con Orsborn u Osborn, que tradicionalmente se traduce por 'llegado desde el este'. Aunque es anterior a la conquista normanda, es probablemente de origen escandinavo.

Orson Welles, actor, director y realizador de teatro y cine estadounidense (1915-1985).

Óscar *On. 3-2*

Los antiguos pueblos germanos expresaron así la fuerza guerrera emanada de la divinidad. Tal es la interpretación más probable del primitivo nombre celta *Ansgar,* del que se formó la versión latina *Ansgarius* o *Anskarius.* Procede de la raíz *Ans*, nombre de una divinidad, y *gair*, 'arma arrojadiza': 'lanza de los dioses', 'espada divina'. San Ansgar (801-865), llamado el apóstol del Norte, es buen ejemplo del don que pregona su nombre, gracias al cual logró evangelizar los pueblos nórdicos.

Oscar Wilde, escritor y *dandy* irlandés (1854-1900). Óscar Arias, político costarricense, obtuvo en 1987 el premio Nobel de la Paz (1941). Oskar Kokoschka, escritor y pintor expresionista austríaco (1883-1980). Oscar Tusquets, arquitecto y diseñador español (1941).

Osmán *S/on.*

Nombre árabe, significa 'pequeño y dócil', y debe interpretarse como un signo de la humildad y sumisión de su portador ante la divinidad.

Osorio *On. 29-8*

De etimología dudosa, este nombre procede probablemente del eusquera, con el significado de 'el matador de osos'.

Osvaldo *On. 29-2*
Nombre germánico: *ost-wald*, 'pueblo brillante' (de *ost*, 'oriente', de donde procede la luz del día).
Variantes: Oswaldo; *cat.* Osvald; *gall.* Oswaldo; *fr. ing. al.* Oswald.
Oswald Spengler, filósofo e historiador alemán (1880-1936). Eric Oswald von Stroheim, realizador y actor cinematográfico estadounidense de origen austríaco (1885-1957). Oswaldo Guayasamín, pintor ecuatoriano (1919).

Otelo *S/on.*
Nombre creado por William Shakespeare para el protagonista de su tragedia homónima. Probablemente inspirado en Oto, Otón y otros derivados de la voz germánica *auda,* 'propiedad'.
Variantes: *cat.* Otel·lo; *ing.* Othello; *it.* Otello; *port.* Othello.

Otón *On. 16-1*
De una familia de nombres en torno a la raíz germánica *od, audo,* 'riqueza', 'joya', 'tesoro', y, por evolución, 'propiedad', 'dueño'.
Variantes: Odón, Odilón, Otto, Oto, Otilio; *cat.* Odó, Ot; *fr.* Otto; *ing.* Odo, Otto; *al.* Otto; *it.* Ottono, Ottone (hip. Ottorino).
Otto von Bismarck, estadista alemán (1815-1898). Otto Stern, físico alemán-estadounidense, premio Nobel de Física en 1943 (1888-1969). Otto Wagner, arquitecto austríaco (1841-1918). Otto Preminger, director de cine austríaco-estadounidense (1906-1986).

Ovidio *On. 23-8*
En latín *ovidus*, significa 'óvido, relativo a la oveja', 'pastor'. Es el nombre del más famoso poeta latino, Publio Ovidio Nasón, autor de las *Metamorfosis,* entre otras grandes obras.
Ovidi Montllor, actor de cine y cantautor español en lengua catalana (1942-1995).

Owen *S/on.*

De origen galés *Owain, Owen,* tal vez corresponda al irlandés *Eoghan,* derivado de *eoghunn,* 'juventud', que a su vez procede de *og,* 'joven'. Significa 'joven guerrero'. Otros etimologistas lo consideran la forma céltica del nombre griego Eugenio.

Owen Chamberlain, físico estadounidense, en 1959 obtuvo el premio Nobel de Física (1920). **Owen Williams Richardson,** científico británico (1879-1959), premio Nobel de Física en 1928.

P

Pablo *On. 29-6*

Puede alguien ser grande, pero mostrarse pequeño por humildad, por dignidad de espíritu. A esta doble virtud alude el antropónimo Pablo, que procede del latino *Paulus*, 'pequeño', y fue el nombre que adoptó el gran Saulo de Tarso (forma latina del hebreo *Sha'ul*, 'el deseado') tras su fulminante conversión al cristianismo en el camino de Damasco, como renuncia a la soberbia y señal de pobreza, debilidad y pequeñez ante el Señor. En su forma catalana, incorpora además las bellas connotaciones de la palabra 'paz', *pau,* de la que es homónimo. Variantes: Paulo, revigorizada con el papa Paulo VI, que deseó seguir con esta antigua forma del nombre; Paulino, Paulilo; *cat.* Pau; *gall.* Paulo; *eus. fr. ing. al.* Paul; *it.* Paolo; *ruso, checo,* Pavel; *húng.* Pal.

Pau Claris, político y eclesiástico catalán (1586-1641). **Pablo Neruda** (Neftalí Reyes), poeta chileno (1904-1973). **Pablo Ruiz Picasso**, artista español, considerado el pintor más importante del siglo xx (1881-1973). **Pau Casals**, músico catalán (1876-1973). **Pablo Iglesias**, político español, fundador del Partido Socialista Obrero Español (1850-1925).

Palmiro *On. Domingo de Ramos*

Aunque existe una Palmira, ciudad fortificada por Salomón en el desierto árabe-sirio (en hebreo, *Tadmor*), el nombre es una derivación de palma, en alusión al domingo de Ramos por el recuerdo de las palmas que los jerosolimitanos agitaban para dar la bienvenida a Jesús. Variantes: *cat.* Palmir.

Palmiro Togliatti, político italiano, dirigente del comunismo europeo (1893-1964).

Palomo   *On. 31-12*
Del latín *palumba*, 'pichón salvaje', distinto de la especie doméstica (*columba*, 'paloma') por su color pálido. Nombre alegórico de la dulzura y suavidad femeninas, incorporado por el cristianismo como símbolo del Espíritu Santo. En masculino es casi exclusivamente apellido. Variantes: Colomo, Columbo, Columbano; *cat.* Colom; *gall.* Pombo; *fr. al. it.* Columbo; *ing.* Colum, Colm.

Sebastián Palomo Linares, matador de toros español.

Pancracio   *On. 12-5*
Del griego *pan kration*, 'todo fuerza, muy fuerte'. Puede interpretarse como 'todopoderoso', atributo divino aplicado a los héroes.
Variantes: *cat.* Pancraç, Brancat; *eus.* Pangartzi.

San Pancracio, discípulo de san Pedro, mártir en el siglo I.

Pánfilo   *On. 21-9*
Del griego *pan*, 'todo', y *philos*, 'amigo'; significa 'amigo de todos'.
Variantes: *cat.* Pàmfil; *eus.* Panbil; *it.* Pànfilo.

Pánfilo de Narváez, conquistador español en las Américas, émulo y rival de Hernán Cortés (h. 1470-1528). Pánfilo Natera, revolucionario mexicano, gobernador de Zacatecas (1882-1951).

Pantaleón   *On. 27-7*
Del griego *Pantaleón*, literalmente, 'león en todas las cosas', es decir, con talante, valor y firmeza leoninos. El napolitano san Pantaleón vio cambiado su nombre por el de Pantaelemón (*panta-eleémon*, 'todo afecto') gracias a sus virtudes cristianas.
Variantes: *cat.* Pantaleó; *eus.* Pandalone; *it.* Pantaleone.

Parmenio   *On. 22-4*
Participio presente del verbo griego *parméno,* formado por *pará,* 'cerca de', y *méno,* de 'permanecer', 'quedarse'; significa literalmente, 'el que persevera junto a alguien', y puede interpretarse como 'el amigo fiel'.
Variantes: Pármeno; *cat.* Parmeni.

Parsifal   *S/on.*
Del gaélico *Peredur,* que según la interpretación más aceptada significa 'loco puro'. Es el nombre de uno de los caballeros más famosos de la Tabla Redonda, el más místico pues, por su pureza, era el único que podía recuperar el santo grial y devolver el orden a Camelot.
Variantes: *cat.* Perceval; *al.* Parzival.
Percy B. Shelley, poeta y pensador inglés (1792-1822).

Pascasio   *On. 26-4*
Nombre cristiano-romano (*Paschasius*), de origen griego, evocador de la festividad religiosa de la Pascua.
Variantes: *cat.* Pascasi; *eus.* Paskasi; *al.* Paschasius.

Pascual   *On. 17-5*
Con tal nombre se expresa el don de pasar por encima de todo sufrimiento o dificultad. La Pascua judía conmemoraba el 'paso' (*pesakh*) del pueblo hebreo por el desierto del Sinaí. El nombre fue incorporado por el cristianismo a la conmemoración de la resurrección del Salvador, de donde la adjetivación latina *pasqualis,* 'relativo a, nacido en la Pascua'.
Variantes: Pascasio, Pascualino; *cat.* Pasqual; *fr. ing.* Pascal; *gall.* Pascoal; *eus.* Bazkoare, Pazkal; *al.* Paschal; *it.* Pasquale.
Pasqual Maragall, político socialista español (1941).

Pastor   *On. 6-8*
Nombre evocador de Jesucristo (*Pastor*, uno de los títulos que le atribuyen los Evangelios). En femenino corresponde a la advocación mariana de la Divina Pastora.
Variantes: Pástor; *cat.* Pàstor; *eus.* Artzai, Unai.

Paternino   *On. 12-7*
Del latín *Paterninus*, gentilicio de Paterno; y éste, a su vez, de *pater-
nus*, que significa 'paternal'.
Variantes: Paterniano; *cat.* Paterní; *fr.* Paternin.

Patricio   *On. 17-3*
Si nobleza obliga, llevar este nombre debe favorecer el comportamiento
noble y la alta dignidad. En la antigua Roma, *patricius* designaba a los
'hijos de padre', o mejor, en sentido estricto, 'de padre de la patria' o 'de
padre rico y noble'. Esta alusión a la noble cuna se conserva en el adjetivo, que designa a la minoría autóctona y aristocrática de un lugar. Es
muy popular en Irlanda, por Patricio, su evangelizador en el siglo V.
Variantes: *cat.* Patrici; *fr.* Patrice; *ing.* Patrick (hips. Pat, Patsy); *al.*
Patrizius; *it.* Patrizio.
Patrick Blackett, científico inglés, obtuvo en 1948 el premio Nobel de Física (1897-
1974). **Patricio Aylwin**, político chileno (1918).

Paúl   *On. como Pablo*
Variante de Pablo, probablemente a través de su forma francesa, *Paul*.
Evoca también a san Vicente de Paúl, santo francés entre los siglos
XVI y XVII, protector de los necesitados.
Variantes: *cat.* Pol; *fr. ing.* Paul.

Paul Verlaine, poeta francés (1844-1896). **Paul Cézanne**, pintor impresionista francés (1839-1906). **Paul Klee**, artista suizo (1879-1940). **Paul Newman**, actor de cine estadounidense (1925). **Paul McCartney**, músico británico, miembro del conjunto *The Beatles* (1942). **Paul Bocuse**, cocinero francés, apóstol de la *nouvelle cuisine* (1926).

Paulino   *On. como Pablo*
Forma derivada del nombre latino *Paulus,* 'pequeño'. *Paulinus* es gentilicio de Pablo. Se extendió por Europa desde el siglo IV por san Paulino, llamado Meropio Poncio Anicio Paulino, poeta y obispo de Nola.
Variantes: *fr.* Paulin; *al.* Paulinus; *ing.* Paulin; *it.* Paolino.
Paulino Uzcudun Eizmendi, boxeador español (1899-1985).

Pavel   *On. como Pablo*
Variante rumana, rusa y servocroata de Pablo.

Pedro   *On. 29-6*
Del significado de este nombre da cuenta la Biblia, como de ningún otro. Allí se dice que dijo Jesús, dirigiéndose a quien iba a ser su ilustre primer portador: «Tú eres Simón, hijo de Jonás, pero serás llamado Cefas.» Viene del arameo *cefas*, que significa 'piedra', traducido al griego como *Pétros*, al latino como *Petra* y masculinizado más tarde como *Petrus*. Y el propio Jesucristo facilitó además la interpretación metafórica del nuevo nombre: «Tú eres piedra, y sobre esta piedra edificaré mi Iglesia.» Así transmitió Jesús a su discípulo predilecto la confirmación de su misión como conductor del gran proyecto cristiano. Es decir, la roca como símbolo de firmeza, garantía de seguridad y duración. Por el enorme prestigio de san Pedro, el primer Papa (y el único llamado así, por respeto hacia él y por la apócrifa profecía de san Malaquías, que vincula el fin del mundo con

la llegada de Pedro II), el nombre se convirtió en uno de los primeros de la cristiandad. Con él se expresa la fuerza de voluntad, la determinación dura como la roca de quienes lo llevan, capaces de elevar las construcciones más fiables sobre los más sólidos cimientos.

Variantes: Petronio, Petroquio; Perico (hip.); *cat.* Pere; *eus.* Kepa, Pello; *fr.* Pierre; *ing.* Peter; *al.* Petrus; *it.* Pietro, Piero; *neer.* Pieter, Piet; *nor.* Peer; *ruso,* Pyotr; *finés,* Pekka.

Pedro Calderón de la Barca, dramaturgo español (1600-1681). Pierre-Auguste Renoir, pintor francés (1841-1919). Peter Weiss, dramaturgo alemán de origen judío (1916-1982). Peter Brook, director de teatro británico (1925). Pete Sampras (Peter John Mathew Sampras), jugador de tenis estadounidense (1971). Pedro Duque, ingeniero aeronáutico y astronauta español (1963). Pere Gimferrer, poeta y ensayista español en lenguas catalana y española (1945). Pierre Cardin, modista francés, pionero del *prêt-à-porter* (1922). Peter Gabriel, músico británico (1948). Pedro Almodóvar, director de cine español (1950). Perico Delgado, ciclista español (1959). Pedro Guerra, cantautor español (1966).

Peregrino   *On. 16-5*

Evocación de las peregrinaciones medievales. Del latín *per ager*, '(que va) por el campo'.

Variantes: Pelegrín; Grino (hip.); *ast.* Pelegrino; *cat.* Peregrí, Pelegrí; *gall.* Peleriño; *eus.* Pelegin.

Pélerin de Maricourt, ingeniero y físico francés del siglo XIII.

Perseo   *S/on.*

Nombre del héroe griego liberador de Andrómeda y ejecutor de la Medusa, presente en una constelación. De etimología desconocida, pero quizás presente en el nombre de Persia.

Variantes: *cat.* Perseu.

Petronio *On. 6-9*
Nombre latino, portado por un escritor satírico del siglo I, árbitro de la elegancia romana en el palacio de Nerón. Gentilicio de Pedro, *Petronius*, 'duro como la piedra', y en la práctica se considera su equivalente.
Variantes: *cat.* Petroni.
Petrone Philargés, monje griego, antipapa con el nombre de Alejandro (1340-1410).

Pío *On. 30-4*
Nombre latino, posee diversos significados: 'venerador de los padres', 'benigno', 'humano', 'devoto'. Ha sido adoptado por doce Papas.
Variantes: *cat. ing. al.* Pius; *eus.* Pi; *fr.* Pie; *it.* Pio.

Plácido *On. 5-10*
Nombre de origen latino, *placidus*, que significa 'plácido, suave, tranquilo, manso' (por *placeo*, 'placer').
Variantes: *cat.* Plàcid.
Plácido Domingo, tenor y director de orquesta español (1941).

Poliano *On. 10-9*
Derivación del término griego *poly-ainos*, que significa 'digno de grandes elogios', y por extensión, 'ilustre'.
Variantes: Poleno, Poliaineto; *cat.* Polià.

Polibio *S/on.*
Nombre de origen griego, *Poli-bios*, que significa 'el que tiene larga vida' (por *poli*, 'mucho', y *bios,* 'vida'), o también, en el sentido de 'el que tiene mucha vida', es decir, 'vivaz' (cf. Zoé, Chaim, Vidal).
Polibio, historiador griego del siglo II a.C.

Policarpo   *On. 23-2*
Del griego *polykarpos*, 'de muchos frutos, fructífero'. Es sinónimo de Fructuoso.
Variantes: Policarpio; Poli (hip.); *cat.* Policarp, Policarpi; *eus.* Pollikarpa.
Ambrois Polycarpe de La Rochefoucauld-Doudeauville, político y pensador francés (1765-1841). **Policarpo Díaz,** campeón español de los pesos ligeros (1967).

Pompeyo   *On. 8-5*
Nombre de una *gens* romana, *Pompeius,* de etimología discutida. Lo más probable es que proceda del numeral sabino *pompe,* que significa 'cinco', aunque hay quien lo relaciona con el sustantivo latino *pompa,* 'solemnidad, procesión', a su vez un préstamo del griego *pompé,* que dio el nombre propio Pomposo, 'ostentoso, lujoso, fastuoso'. Adquirió fama por Pompeyo, general romano, rival de Julio César, vencido y muerto por éste en Farsalia en el año 48 antes de Cristo. En femenino, es también advocación mariana: la Virgen de Pompeya.
Variantes: *cat.* Pompeu, Pompei; *eus.* Ponbei.
Pompeu Fabra, ingeniero y lexicógrafo catalán (1868-1948). **Pompeu Gener,** escritor en lenguas española, catalana y francesa (1848-1920).

Poncio   *On. 14-5*
Aunque se ha señalado como origen de este nombre el latín *pontus*, que significa 'el mar', parece más probable el numeral osco *pontis*, análogo al latín *quinque,* 'cinco'. Sería, por tanto, equivalente a Quinto.
Variante: Ponce, usado por bastantes condes catalanes medievales.
Variantes: Ponciano, Póntico; *cat.* Ponç, Ponci; *eus.* Pontzen.
Poncio Pilato, procurador romano en Judea en tiempos de Jesús. **Ponce Denis Écouchard Lebrun,** poeta francés (1729-1807).

Porfirio *On. 26-2*
Nombre de un filósofo neoplatónico del siglo III. Del griego *porphyrion*, 'con color de pórfido', o sea 'de púrpura, purpurado'. Generalmente como alusión a la cara de los recién nacidos tras un parto difícil.
Variantes: *cat.* Porfiri; *eus.* Porbiri.
Porfirio, filósofo neoplatónico de origen sirio del siglo IV. **Porfirio Díaz**, militar y político mexicano (1830-1915).

Práxedes *On. 21-7*
Nombre de origen latino. Significa 'acción, empresa'. Aunque popularizado por una mujer, santa Práxedes, el nombre se ha venido usando como masculino.
Variantes: Práxedes, Prajedis.
Práxedes Mateo Sagasta, político liberal e ingeniero español (1825-1903).

Primitivo *On. 16-4*
Del latín *Primitiuus*, 'que está en primer lugar', derivado de *primus,* 'el primero'. Nombre apreciado en la antigüedad, por su alusión a la dignidad de prelación de su portador, cayó en desuso al relacionarse su significado con el del adjetivo actual.
Variantes: *cat.* Primitiu.

Primo *On. 9-6*
Del latín *primus*, 'primero', aplicado por lo común al hijo primogénito. Se convirtió en apellido, hecho famoso por el general Francesc Prim, destronador de Isabel II en 1868.
Variantes: Primael, Primiano, Priminio, Primitivo, Prior; *cat.* Prim.
Primo Levi, escritor italiano (1919-1987).

Prometeo *S/on.*
Nombre mitológico griego que parece derivado del sánscrito *pramanta*, 'fuego', aludiendo a la entrega que de éste hizo al hombre el personaje. Para otros intérpretes, procede del griego *prometis*, que significa 'el que toma consejo antes de obrar'.
Variantes: *cat.* Prometeu.
Prometeo, en la mitología griega, miembro de la raza de los titanes que dio el fuego a la humanidad, por lo que fue castigado por Zeus.

Próspero *On.* 25-6
Del latín *Prosperus*, por el adjetivo *prosper,* 'próspero, feliz, afortunado', y no, como se ha propuesto en ocasiones, de *pro spes*, 'conforme a la esperanza'. Tan grato ha sido desde siempre al ser humano llevar a la fortuna en el nombre, que este mismo significado se presenta en muy distintas formas, entre otras: Apatilo, Aser, Alipio, Beato, Eutiquio, Fausto, Félix, Gaudioso, Gaudencio, Macario, Maimón.
Variantes: *cat.* Pròsper; *eus.* Posper; *fr.* Prosper; *it.* Prospero.
Prosper Mérimée, escritor francés (1803-1870). Pròsper de Bofarull, archivero e historiador español (1777-1859).

Prudencio *On.* 28-4
Del latín *prudens*, 'prudente' en el sentido de 'avisado, inteligente, despierto', por *pro-videns*, que ve antes, que prevé'. Muy utilizado por los puritanos en su afán evocador de virtudes en los onomásticos (Abstinencia, Silencio, Obediencia, Providente).
Variantes: Prudente, Prudenciano; *cat.* Prudenç, Prudent, Prudenci; *eus.* Purdentzi; *al.* Prudens.
Prudenci Bertrana, escritor español en lengua catalana (1867-1941).

Publio *On. 25-1*
Del latín *Publius*, y éste, a su vez, de *populus*, 'pueblo'. Significa 'hombre del pueblo', o sea, 'aquel que se dedica a la cosa pública', 'político'.
Variantes: *cat.* Publi.

Publio Ovidio Nasón, poeta latino (43 a.C.-17 d.C.). Publio Virgilio Marón, escritor romano (70-19 a.C.).

Quim *On. como Joaquín*

Forma hipocorística del nombre Joaquín, por aféresis de su forma catalana, *Joaquim*.

Diminutivo: Quimet (habitual en Cataluña).

Quim Monzó (Joaquim Monzó i Gómez), escritor español en lengua catalana (1952). **Quimi Portet Serà**, músico español (1957).

Quintilio *On. 8-3*

Del latín *Quintilius,* significa 'nacido en quintil', o sea, en *quintilis,* que es como llamaban en Roma al quinto mes (hoy julio, pues antes de la reforma del calendario, marzo era el primer mes del año).

Variante: Quintilo. Patronímico: Quintiliano.

Quintín *On. 31-10*

En la antigua Roma existía la costumbre de poner por nombre a los hijos el ordinal de su nacimiento: Primo, Segundo, y así sucesivamente. Quintín, del latín *Quintus*, Quinto, es el nombre que se aplicaba, por tanto, al hijo nacido en quinto lugar. Llegó a ser muy popular por una poderosa familia romana. En nuestro país ha recobrado cierta actualidad en su forma anglosajona.

Variantes: Quinto, Quincio, Quintiliano, Quintilio, Quintilo; *cat.* Quint, Quintí; *gall.* Quentín; *fr. ing.* Quentin, Quintin; *it.* Quintino.

Quentin Metsys, pintor, grabador y diseñador renacentista flamenco. **Quentin Tarantino**, actor y director de cine estadounidense (1963).

Quirico *On. 16-6*
Forma vulgar de Ciriaco, y éste, genitivo del griego *kyrios*, 'señor', con
el significado 'perteneciente al señor', es decir, 'señorial'.
Variantes: Quírico, Quiríaco, Quirce (ant.); *cat.* Quirze; *eus.* Kirika.

Quirino *On. 25-3*
Se llamó así una de las más antiguas deidades romanas, *Quirinus,*
identificada con Rómulo, fundador de Roma junto con su hermano
Remo. Puede ser derivación del latín *curia,* división del pueblo romano cuyo significado etimológico viene de *cum-uir-iya,* 'reunión de
hombres'.

Quiterio *On. 22-5*
Nombre latino, aunque parece de origen griego: *Cytherea*, epíteto de
Venus, por *chiton*, nombre de una túnica corta (de donde, también,
Chitone, nombre de la diosa de túnica corta, Artemisa). Tal vez se tra-
te de la latinización de un antiguo nombre celtíbero.

R

Rafael *On. 29-9*

Quienes así se llaman llevan en el nombre la promesa de estar libres de todo mal. Nombre hebreo, procede de *rapha-* o *repha-El*, y significa 'Dios sana', o concretamente, 'Dios te ha sanado', por su alusión a la milagrosa curación del patriarca en el relato bíblico. Junto con Miguel y Gabriel, Rafael completa la tripleta de arcángeles nombrados en la Biblia.

Variantes: Fela, Rafa, Rafi (hips.); *cat.* Rafel; *eus.* Errapel; *fr.* Raphaël; *ing. al.* Raphael; *it.* Raffaele, Raffaello.

Rafaello Sanzio, pintor renacentista italiano (1483-1520). **Rafael Casanova**, héroe del nacionalismo catalán (h. 1660-1743). **Rafael Alberti**, poeta y pintor español (1902-1999). **Rafael Moneo**, arquitecto español (1937). **Rafael Azcona**, guionista cinematográfico español (1926).

Rafik *S/on.*

Nombre árabe. Significa 'amable, amistoso'.

Rahil *S/on.*

Nombre ruso, de origen hebreo, significa 'cordero inocente'. Además de víctima propiciatoria por excelencia, e imagen de Cristo, el cordero es símbolo de dulzura, pureza y obediencia.

Raida *On. 28-6*

Del germánico *rad*, 'consejo', frecuente como sufijo, especialmente feminizador. Se trata de un nombre masculino, aunque por concordancia es usado también como femenino.

Raimón *On. como Ramón*
Variante de Ramón, por derivación de la forma antigua Raimundo, a partir de la catalana Raimon.
Raimon (Ramón Pelegero), cantautor valenciano (1940). **Josep Raimon Obiols**, político español (1941). **Raimon Casellas**, periodista y escritor en lengua catalana (1855-1910).

Raimundo *On. 1-2*
Forma antigua de Ramón.
Variantes: *cat*. Raimund, Raimon.
Raimundo Amador, guitarrista español de flamenco y blues (1959).

Rainerio *On. 30-12*
Forma italiana de un conocido nombre germánico: *Ragin-hari*, que significa 'consejero del pueblo'.
Variantes: Reinerio, Reynerio; *cat*. Rainer; *eus*. Errañeri; *fr*. Régnier, Rainier; *ing*. Rayner; *al*. Rainer; *it*. Raineri, Ranieri.
Rainer Werner Fassbinder, realizador, productor y guionista de cine alemán (1946-1982). **Rainer Maria Rilke**, poeta austríaco (1875-1926).

Ramiro *On. 11-3*
Nombre inmortalizado por una serie de reyes leoneses y aragoneses. Contracción de Ranimiro, procede del germánico *renamêrs*, 'consejero ilustre'. Ramires, usado también como apellido, es el protagonista de la novela de Eça de Queiroz *La ilustre casa de Ramires*, y ha sido considerado como un arquetipo del carácter portugués.
Variantes: *cat*. Ramir; *eus*. Erramir.
Ramiro de Maeztu, escritor y ensayista español (1875-1936). **Ramiro Ledesma Ramos**, político español, ideólogo del falangismo (1905-1936).

Ramón *On. 31-8*
La capacidad para ofrecer protección fue muy valorada entre los antiguos pueblos sajones, muy amantes de las virtudes guerreras. Pero con el nombre de Ramón se distinguía a quien protegía a la comunidad, no con la fuerza de las armas, sino con la sabiduría de su inteligencia y su palabra. Procede del germánico *ragin-mund*, 'el que protege por el consejo'. Como acicateado por el nombre, san Raimundo de Peñafort (1180-1275), ilustre letrado, lució prudencia y consejo en la protección de la colectividad, y hoy es el patrón de los abogados. Por el prestigio de san Ramón Nonato (1204-1240), que abogó por la libertad y la redención de los esclavos, la variante «moderna» de Raimundo se hizo popular en toda España, sobre todo en Cataluña, donde convive con su variante Raimón. Variantes: Moncho (hip.); *ast.* Reimundo; *it.* Raimondo; *al.* Raimunde; *eus.* Erraimundo; *fr. ing.* Raymond (hip. Ray).
Ramon Llull, escritor y misionero mallorquín (1232-1316). **Ramón Gómez de la Serna**, escritor español (1888-1963). **Ramón María del Valle-Inclán**, escritor gallego en lengua castellana (1866-1936). **Ray Charles**, cantante de jazz, soul y blues estadounidense (1930).

Raniero *On. 17-6*
Raniero o Rainiero son formas italianas del nombre germánico Rainerio, derivado de *ragin-hari*, que significa 'consejero del pueblo'. Variantes Rainiero; *ast.* Nerio; *cat.* Rainer; *eus.* Errañeri.
Raniero III Grimaldi, príncipe de Mónaco (1923).

Raschid *S/on.*
Con este nombre árabe se destaca una de las virtudes más apreciadas por el Corán. Significa 'el justo', 'el íntegro', o también, 'el devoto'. Variantes: Raschad, Rachid.

Raúl *On. 30-12*
Temible como un lobo con sus presas, pero también protector y fiel como este animal con su camada. Así debía ser visto el portador de este nombre a los ojos del mundo. El primer elemento onomástico tanto puede ser *hrod,* ' glorioso', como, con mayor probabilidad, *rad,* 'consejo'; el segundo parece ser *wulf,* 'lobo', con todas sus connotaciones. En la forma Raul se contraen los nombres Radulfo (*rad-wulf,* que significa 'consejo del lobo', es decir, metafóricamente, 'del guerrero') y Rodulfo (v. Rodolfo).
Variantes: Ruy (hip.); *cat.* Raüll, Raül; *gall.* Raul; *fr.* Raoul; *ing.* Ralph.
Raoul Walsh, director de cine estadounidense (1892-1980). **Ralph Lauren**, diseñador de moda estadounidense (1939). **Ralph Waldo Emerson**, poeta estadounidense (1803-1882). **Raúl González**, jugador de fútbol español (1977).

Regerio *On. 4-1*
Del latín *rego,* 'regir' (y éste, a su vez del hebreo *raga,* 'pasto'): *Regerius,* 'el que rige, príncipe'.
Variantes: *cat.* Regeri.

Reginaldo *On. 4-8*
Popular nombre en la Edad Media, de *ragin-ald* o *ragin-wald,* que significa 'el que gobierna por el consejo'. Está muy extendido por los países anglosajones y germánicos.
Variantes: Reinaldo, Reinoldo; *cat.* Reinald, Renau; *fr.* Renaud; *ing.* Reginald, Reynold (hip. Rex); *al.* Reinald, Reinhold; *it.* Rainaldo, Rinaldo; *nor.* Ragnwold, Ragnwald.
Reginald Pole, teólogo inglés y arzobispo de Canterbury, presidente del Concilio de Trento en el siglo XVI. **Rex Harrison**, actor de cine británico. **Reinaldo Arenas**, escritor cubano (1943-1990). **Reinold Gliere**, compositor de música soviético (1875-1956).

Regino   *On. 16-6*
Aunque el origen del nombre hay que buscarlo en la raíz latina *rex* (en femenino, *regina*), 'rey', alude especialmente a la Virgen María, *Regina Coeli*, y converge con el germánico *ragin-*, 'consejo' (cf. Reginaldo).
Régis Blanchère, orientalista francés (1900-1973).

Régulo   *On. 30-3*
Nombre de familia corriente en la antigua Roma, aplicado también a una estrella de la constelación del Escorpión. Procede del latín *regulus*, es decir, 'reyecito' (por *rex*, 'rey').
Variantes: *cat*. Règul; *eus*. Erregul.

Reinardo   *S/on. scc. Reinaldo*
Nombre de origen germánico, *raginhard*, que significa 'el consejo del fuerte'; pero en la práctica es variante de Reinaldo.
Variantes: *cat*. Reinard; *al*. Reinar.

Remberto   *On. 4-2*
Del término germánico *ragin-berht*, 'famoso por el consejo'. Contrajo su sílaba central de la primitiva forma Regimberto. En otras interpretaciones, de *hramn-berht*, 'cuervo famoso'. Es sinónimo de Beltrán.
Rembert Dodoens, médico y botánico holandés (1518-1585).

Remigio   *On. 22-3*
Del latín *remiguis*, 'remero', o, quizá, derivado del nombre del pueblo de los *remi*, en la Galia, con capital en Reims.
Variantes: *cat*. Remigi; *gall*. Remixio; *eus*. Erremigi, Remir; *fr*. Rémi.
Remi Excelmans, mariscal y par de Francia (1775-1852).

Renato　*On. 19-10*
Del latín *renatus*, 'renacido', aplicado especialmente a los catecúmenos cristianos en sentido espiritual.
Variantes: *cat.* Renat; *fr.* Réné.
René Descartes, filósofo y científico francés (1596-1650). René Magritte, pintor belga (1898-1967). René Lacoste, tenista y empresario francés (1904-1996).

Ricardo　*On. 3-4*
Fortaleza y riqueza son dos de los dones más deseados por el ser humano; por eso este nombre es nombre de reyes. Muy popular en los países anglosajones, es un derivado del germánico *rich-hard*, y significa 'fuerte por la riqueza'. Otros especialistas escogen el significado sajón de 'poderoso, firme gobernador', al ver en el prefijo *rik* la palabra 'rey'. Ambas etimologías convienen a quien fue uno de sus más ilustres representantes, Ricardo Corazón de León, rey de Inglaterra en el siglo XII, a partir del cual este nombre pasó a ser uno de los predilectos de las casas reales británicas.
Tienen mucha aceptación sus variantes hipocorísticas Dick, Dickie y Dicky.
Variantes: *cat.* Ricard; *ing.* Richard (hips. Rick, Ricky).
Richard Wagner, compositor alemán (1813-1883). Ricardo Zamora, futbolista español (1901-1978). Ricardo Bofill, arquitecto español (1939). Richard Gere, actor de cine estadounidense (1949). Ricky Martin (Enrique Martín Morales), cantante mexicano (1971).

Riel　*On. 25-11*
Nombre bíblico; procede de *Ri-el*, que significa 'alegría de Dios'.

Rigoberto　*On. 4-1*
Nombre de origen germánico; por *ric-berht*, 'famoso por la riqueza'.
Variante: Riberto.

Roald *S/on.*
Como Ronaldo, del antiguo alemán; significa 'célebre gobernante'.
Roald Amundsen, noruego, explorador del Polo Sur (1872-1928). **Roald Dahl**, escritor británico, clásico de la literatura infantil (1916-1990).

Roberto *On. 7-6*
Gloria, fama y brillo eran para los antiguos pueblos germanos los términos más precisos para expresar una vida plena. En el nombre de Roberto, derivado de *hrod-berht*, coinciden dos de estas apreciadas raíces onomásticas. Significa 'famoso por la gloria' o 'el que brilla por su fama', y no es de extrañar, por tanto, su gran propularidad en la Edad Media entre los pueblos de origen germánico. En nuestra época ha tomado nuevo brío gracias sobre todo a sus hipocorísticos anglosajones. A su santo patrón, san Roberto de Molesmes (1030-1111), se debe la fundación de la muy importante orden monástica cistercense.
Variantes: Rodoberto, Ruperto; Berto, Beto (hips.); *cat. fr. al.* Robert; *eus.* Erroberta; *ing.* Robert (hips. Robin, Rob, Bob, Bobby).
Robert Capa, fotógrafo húngaro (1913-1954). **Robert S. Baden-Powell**, militar inglés, fundador de los Boy Scouts (1857-1941). **Roy Lichtenstein**, pintor estadounidense (1923). **Robert Redford**, actor y director de cine estadounidense (1937).

Robín *On. como Roberto*
Hipocorístico anglosajón de Roberto.
Robin Williams, actor cinematográfico estadounidense (1952).

Robustiano *On. 24-5*
Gentilicio *Robustianus*, del latín *robustus*, que significa 'fuerte como el roble', por *robur*, 'roble'.

Rodolfo *On. 21-6*
Del germánico *hrod-wulf*, 'lobo glorioso', es decir, 'guerrero glorioso'.
Muy popular en los países germánicos. Asimilado a Radulfo, en realidad distinto (*rad-wuldf*, 'consejo del guerrero').
Variantes: Rodolfo, Rollo; *cat*. Rodolf; *eus*. Errodulba; *fr*. Rodolphe;
ing. Rodolph (hips. Rolph, Ralph, Rolf); *al*. Rudolf (hip. Rudi).
Rudolf Nuréiev, bailarín y coreógrafo austríaco (1938-1993). Rudolf Carnap, filósofo estadounidense de origen austríaco (1891-1970). Rodolfo Valentino, actor y mito erótico
italoamericano (1895-1926).

Rodrigo *On. 13-3*
Nombre de incuestionable tronco teutón por las virtudes que proclama,
glorificado en nuestra onomástica gracias al héroe por excelencia de la
épica hispana, Rodrigo Díaz de Vivar (h. 1043-1099), *el Cid Campeador*,
verdaderamente 'rico en gloria', que es lo que significa la forma primitiva de su nombre, *hrod-ric*. Abundó en España durante la Edad Media,
como muestra la abundancia de apellidos Ruiz y Rodríguez.
Variantes: Roderico, Ruy (ant.); *ast. gall*. Roi (hip.); *cat*. Roderic; *eus*.
Edrigu, Errodeika.
Rodrigo Rato Figaredo, político conservador español (1949).

Rogelio *On. 30-12*
Nombre medieval: *Rodegarius*, derivado del germánico *hrod-gair*, que
significa 'famoso por la lanza'.
Variantes: Rogerio, Roger; *cat*. Roger; *gall*. Roxelio, Roger; *fr*. Roger;
ing. Roger (hips. Hodege, Dodge); *al*. Rudiger; *it*. Ruggero.
Roger de Llúria, almirante catalán de origen calabrés (1250-1305). Roger Bannister,
atleta británico (1929). Roger Moore, actor británico (1927).

Rolando   *On. 27-8*
Forma evolucionada del nombre Roldán, asimilada posteriormente a Orlando, pero en realidad distinto.
Roland Garros, oficial aviador francés (1888-1918). **Roland Barthes,** crítico y semiólogo estructuralista francés (1915-1980). **Roland Pétit,** bailarín y coreógrafo francés (1924).

Roldán   *On. 13-5*
Nombre medieval, procedente del germánico *hrod-land*, 'tierra gloriosa'. Derivó en Rolando. Célebre a partir de la forma francesa, por el héroe del siglo VIII sobrino de Carlomagno, muerto en Roncesvalles.
Variantes: *cat.* Rotllant, Roland; *fr. ing.* Roland, Rowland; *it.* Rolando.

Román   *On. 28-2*
Tal fue le prestigio de Roma, que su gentilicio, *Romanus,* devino primero un sobrenombre distinguido, equivalente a civilizado, por contraste con los pueblos bárbaros más allá de las lindes del Imperio, y luego un nombre de pila con el que se destacaba la digna ascendencia de su portador. El nombre de la gloriosa ciudad del Lacio a su vez quizá se explica por el etrusco *rumi*, 'popa de un barco', alusión a la situación avanzada de Roma en el río Tíber, como un barco en el mar.
Variantes: Romano, Romaniano; *cat.* Romà; *gall. it.* Romano.
Romain Rolland, escritor francés (1748-1828).

Romeo   *On. 21-11*
Antiguo gentilicio de Roma (v. Román), que pasó a designar a los peregrinos medievales que a esa ciudad se dirigían en *romería*. La forma actual parece influida por el *Romeo* italiano, popularizado por el drama shakesperariano *Romeo y Julieta*.

Romildo *S/on.*
Nombre germánico: *Hrom-hild*, que significa 'guerrero famoso'.
Variantes: *cat. al.* Romild.

Romualdo *On. 19-6*
Del germánico *hruom-wald*, 'mando glorioso'. Nombre portado por un
santo monje, fundador de la orden de los Camaldulenses en el siglo IX.
Variantes: *cat. fr.* Romuald; *eus.* Erromolda; *gall.* Romualdo.
Egido Romuald Duni, compositor italiano del siglo XVIII.

Rómulo *On. 6-7*
El fundador legendario de Roma toma su nombre del de la ciudad y
no al revés (v. Román). Pero también se ha señalado que la loba que
lo amamantó junto con su hermano Remo se llamaba *Rumina*.
Variantes: *cat.* Ròmul; *eus.* Erromul; *fr.* Romulus; *it.* Romolo.
Rómulo, mítico fundador de Roma y héroe epónimo de la ciudad. **Rómulo
Betancourt**, político venezolano (1908-1981). **Rómulo Gallegos**, novelista y político de-
mócrata venezolano (1884-1969).

Ronaldo *S/on.*
Nombre germánico, derivación de *hrod-ald*, 'gobernante glorioso'.
Variantes: *cat.* Ronald.
Ronald Reagan, político estadounidense, presidente de su país (1911). **Ronaldo
Nazario de Lima**, futbolista brasileño (1976).

Roque *On. 16-8*
Nombre germánico: *hroc*, grito de guerra (*rohon*, 'bramar'), aunque concurre con el latino *roca*, 'roca'. También se interpreta como 'elevado'.

Variantes: *cat.* Roc; *eus.* Erroka; *fr.* Roch; *ing.* (hip.) Rocky; *it.* Rocco.
Marie Joseph Roch de La Fayette, general y político francés (1757-1834). **Roque González Garza,** político y militar mexicano (1885-1962).

Rosendo *On. 1-3*
Del germánico *hrod-sinths;* significa 'que va en dirección a la fama'.
También puede significar 'soldado'.
Variantes: Rudesindo (ant.); *cat.* Rossell, Rossend; *eus.* Errosenda.
Rosendo Mercado, músico de rock español (1957).

Rubén *On. 4-8*
Lía, según la tradición, exclamó al dar a luz al patriarca bíblico de este nombre: «*raá beonyi*», lo cual significa 'Dios ha visto mi aflicción'. Según esta etimología, considerada la más probable, el portador de este nombre es quien trae la esperanza a la familia. Como primogénito de Jacob, ese hijo fue en efecto la piedra angular en la fundación de Israel, y por ende, el nombre de Rubén hace referencia a la solidez de quienes lo llevan. Otra etimología lo deriva de *raah-ben*, 'veo un hijo'. También se ha interpretado como 'el más grande en poder' o el 'león'.
Variantes: *cat.* Robèn; *fr.* Ruben; *ing.* Reuben; *it.* Rùben.
Rubén Darío (Félix Rubén García Sarmiento), poeta modernista y diplomático nicaragüense (1867-1916). **Rubén Blades,** cantante de salsa panameño (1948).

Rudyard *S/on.*
Apellido convertido en nombre. Procede de *ryd*, 'el que vive en un claro del bosque', y *gerd*, medida de tierra que equivale a treinta acres, y su signifcado designa al poseedor de esta propiedad.
Rudyard Kipling, escritor británico (1865-1936).

Rufino   *On. 19-7*
Se trata de un gentilicio (*Rufinus*) del latín Rufo (*rufus*, 'rojo', 'de pelo rojo'), uno de los nombres más populares en la antigua Roma.
Rufino Tamayo, pintor mexicano (1899-1991).

Ruperto   *On. 27-3*
Forma antigua de Roberto.
Ruperto Chapí, compositor español (1851-1909). Rupert Everett, modelo, actor, cantante y escritor británico (1959).

Rurik   *On. como Rodrigo*
Antigua forma nórdica del teutón *Roderich,* 'caudillo famoso'. Se extendió por la fama del jefe vikingo Rurik, quien, junto con su pariente Oleg, fundó en el siglo IX un reino en la Rusia occidental.

Russell   *S/on.*
Nombre anglosajón, que destaca las capacidades de astucia, inteligencia y agilidad de su portador. Significa 'como un zorro'.
Russell Crowe, actor cinematográfico neozelandés (1964).

Rutilo   *On. 4-6*
Nombre de origen latino: *rutilo*, 'brillar'. Su derivado *rutilius,* que significa 'resplandeciente', 'amarillo dorado', corresponde a una familia ilustre romana. También se considera la forma masculina de Rut.

Ryan   *S/on.*
Nombre de origen gaélico. Significa, probablemente, 'fuerte'; aunque otra interpretación posible es 'pequeño rey'.

S

Sabás *On. 23-4*
Nombre enigmático, tal vez hebreo, con el significado de 'ebrio', o 'conversión', aunque también ha sido visto como una derivación de *sabaeus*, gentilicio de Saba, antiguo nombre de Arabia. Se relaciona asimismo con el rey indio *Sabbas*. Influido por el dios frigio *Sabazius*, fue frecuente entre los primitivos cristianos en su variante Sabacio.

Sabiniano *On. 29-1*
Gentilicio latino de Sabino: *Sabinianus*, significa 'de la familia de Sabino'. Variantes: *cat.* Sabinià.
Savinien Cyrano de Bergerac, escritor y valeroso espadachín francés (1619-1655).

Sabino *On. 30-1*
Nombre de origen latino, alusivo al pueblo del mismo nombre, cuya unión con los latinos (simbolizada en el rapto de las sabinas) dio origen a la ciudad de Roma.
Variantes: Sabiniano; *ast. fr. ing.* Sabin; *cat.* Sabí; *eus.* Sabin; *it.* Savino.
Sabino de Arana, constructor ideológico del nacionalismo vasco (1865-1903).

Sabrino *S/on. scc. Sabino*
Del latín *severnius*, 'que vive al lado de la frontera, fronterizo', por el nombre del río Severno, que durante mucho tiempo formó frontera entre el Imperio romano y las tribus bárbaras.
Variantes: *cat.* Sabrí.

Sacha *On. como Alejandro*
Apócope de Alejandro, 'defensor de la humanidad', en las lenguas eslavas. Concurre también con un nombre homónimo de origen persa y cuyo significado, dudoso, puede interpretarse como 'águila de las alturas'.
Variantes: Sascha, Sasha.

Sadoc *On. 20-2*
De origen hebreo: *Tzadok,* 'justo, inocente'. Confirmó esta promesa de justicia el personaje bíblico así llamado, el sumo sacerdote hebreo que ungió como rey a Salomón.

Salim *S/on.*
Nombre árabe. Significa 'sano, seguro', y también 'amante de la paz'.

Salomón *On. 13-3*
Nombre derivado del hebreo *Shelomó*, que significa 'pacífico'. Célebre por el hijo del rey David, Salomón, rey de Israel en el siglo x a.C., recordado por su legendaria sabiduría. Existen varios sinónimos: Ireneo, Casimiro, Federico, Manfredo, Onofre, Pacífico.
Variantes: *cat.* Salomó; *fr. it.* Salomon; *ing.* Solomon; *al.* Salomone; *árabe*, Suleiman.
Salomon R. **Guggenheim**, magnate y mecenas de arte estadounidense (1861-1949).
Solomon W. **Golomb**, matemático estadounidense (1931).

Salustiano *On. 8-6*
Procede del latín *salus*, 'salud'. *Salustius* o *Sallustius* es el 'portador de salud', 'sano, saludable', y de ahí su gentilicio, *Sallustianus*.
Variantes: *cat.* Sal·lustià; *eus.* Salusten.

Salvador *On. 6-8*
Tomados al pie de la letra, los textos sagrados no permitían usar el nombre de Dios para otros usos que no fueran litúrgicos. Esta interpretación, en exceso celosa, del mandamiento que prohibía tomar el nombre del Señor en vano, hizo que en los primeros siglos del cristianismo se considerase irreverente ponerle a un niño el nombre de Jesús. Quien quería honrar la figura del Hijo de Dios, Jesús de Nazaret podía elegir el nombre de Salvador, que no precisa explicación etimológica, y que en tanto alusivo al salvador de todos los hombres, es semánticamente equivalente a Cristo, 'el ungido'. Es muy popular en España e Italia.

Salvador Seguí, *el Noi del Sucre*, líder sindicalista español (1886-1923). Salvador Dalí, pintor surrealista español (1904-1989). Salvador Allende, político chileno, presidente socialista (1908-1973). Salvador Espriu, escritor español en lengua catalana (1913-1985).

Salvio *On. 10-9*
Procede del latín *salvus*, es decir, 'salvado', y se aplicaba tradicionalmente a los nacidos tras un parto dificultoso.
Variantes: Salviano, Salvino, Salvo; *cat.* Salvi.

Samir *S/on.*
Nombre árabe. Significa 'amigo', 'buen compañero'.

Samuel *On. 20-8*
Sobre el radical hebreo de este nombre, *sm,* el pueblo de Israel construyó la identidad de su Dios: con distintos apoyos vocálicos (las vocales no se escriben en esta lengua), esta raíz da, entre otros, los significados de 'nombre', 'cielo', 'grandeza' o 'excelsitud', todos ellos atributos de la divinidad. Etimológicamente parece derivado de *samu'El*, 'Dios ha escu-

chado', en referencia al nacimiento del personaje bíblico Samuel, el último y más sabio de los jueces de Israel, que hizo la transición del régimen teocrático al régimen monárquico al consagrar como rey a Saúl. Este antropónimo tan esencialmente hebreo, ha sido y es muy popular en los países anglosajones, sin tradición antisemita; tanto es así, que el Tío Sam (su creación se debió a la asimilación de las siglas de United States con las de Uncle Sam) es alegoría de Estados Unidos.

No varía en las lenguas próximas.

Samuel Taylor Coleridge, poeta, crítico y ensayista inglés (1772-1834). Samuel Morse, pintor y físico estadounidense, inventor del telégrafo que lleva su nombre (1791-1872). Samuel Goldwyn, productor de cine estadounidense (1882-1974). Samuel Beckett, novelista y dramaturgo irlandés (1906-1989). Sam Neill, actor de cine irlandés (1947). Sam Mendes, guionista y director de cine británico (1965).

Sancho *On. 5-7*

Derivación del latín *sanctus*, 'santo', que también dio Santos (v.). Popular en España en la Edad Media. Aunque había sido llevado por varios nobles y reyes de las coronas de España, entre ellos siete reyes de Navarra, el nombre fue realmente inmortalizado por un personaje de ficción, Sancho Panza, coprotagonista del *Quijote* de Miguel de Cervantes.

Variantes: *cat.* Sanç.

Sancho Gracia, actor cinematográfico y teatral español.

Sandro *On. como Alejandro*

Hipocorístico italiano de Alejandro, *Alessandro*, muy corriente en Italia.

Variantes: *cat.* Sandre; *it.* Sandro; *gall.* Xandro.

Sandro Botticelli (Mariano Filipepi), pintor, dibujante y grabador italiano (1444-1510). Sandro Pertini, estadista italiano (1896-1990).

Sansón *On. 28-7*

Si bien la etimología de este nombre es dudosa, pues puede proceder del hebreo *semesh,* diminutivo de Sol, de *samen,* 'fuerte' o de *saman,* 'destruir', su sentido, sin embargo, no ofrece dudas por la huella tan marcada que dejó en él su más célebre portador, el último de los siete jueces de Israel, héroe de la lucha contra los filisteos e invencible por su fuerza, aunque sometido al fin por la astucia de Dalila. Sansón es el Hércules judío, pero también, el hombre poderoso y vulnerable ante la mujer.
Nombre de Variantes: *cat.* Samsó; *fr. al.* Samson; *it.* Sansone.

Santiago *On. 25-7*

Atesora este nombre una carga extraordinaria de energía, de pasión y de ímpetu para arrostrar los retos más ambiciosos. *Sancte Iacobe,* alusión al patrono de España, abreviado *Sant Yago,* dio lugar, por aglutinación, al nombre actual. Ya le llega grandeza de su origen, por ser el nombre del gran patriarca bíblico Jacob, que ha dado también Jacobo, Yago y Jaime; pero a esta base añadió el ejemplo del apóstol Santiago el Mayor, llamado el Hijo del Trueno, como su hermano Juan Evangelista, por su gran fogosidad en el desempeño de su misión. Este apóstol universalizó el nombre, en especial en España, donde vino a predicar el Evangelio y donde se encuentra su sepulcro, uno de los tres grandes lugares de peregrinación de la Cristiandad. Por fin, el nombre consolidó su evocación a la fuerza al convertirse en grito de guerra durante la Edad Media.
Variantes: Santi, Yago, Yague, Chago, Diago, Tiago (hips.); *ast.* Jacobo; *cat. gall.* Iago (hip.); *eus.* Xanti; *port.* Tiago.
Santiago Ramón y Cajal, investigador español, premio Nobel de Fisiología en 1906 (1852-1934). **Santiago Dexeus**, tocoginecólogo español (1897-1973). **Santiago Carrillo**, político español (1915). **Santiago Segura**, actor y director de cine español (1964).

Santos *On. 1-11*
En el origen de este nombre está la palabra latina *sanctus,* participio del verbo *sancire* (que en español dio 'sancionar', 'dar validez a una ley'), con el que en la Roma primitiva se expresaba la acción de depositar los contratos o pactos en el templo de Sancus, dios de la fidelidad, para hacer ante él los juramentos de modo que tuviesen garantía de fiabilidad. Más tarde su significado se extendió hasta recoger el actual de santidad. Ambos significados recoge este nombre, evocador de la festividad de Todos los Santos, y de cuya popularidad en la onomástica española son buena muestra los patronímicos que nos han llegado, sobre todo a partir de su variante Sancho, como Sanz y Sánchez.
Variantes: *cat.* Sants; *eus.* Sandor; *fr.* Toussaint; *it.* Ognissanti.
Toussaint Louverture, político haitiano (1743-1803). **José Santos Chocano**, poeta modernista peruano (1875-1934).

Saturio *On. 2-10*
Variante de Sáturo (y éste, del latín *saturus*, 'saciado, saturado'), famosa por un santo soriano compañero de san Polo, y por los paseos del poeta Antonio Machado hacia la ermita de ambos.
Variantes: Saturino; *cat.* Saturi.
San Saturio, ermitaño en el desierto de Castilla, patrón de Soria (†568).

Saturnino *On. 29-11*
Del latín *saturninus*, gentilicio de Saturno, el dios mitológico equivalente del griego Cronos, devorador de sus hijos, a lo que alude el nombre de *satur*, que significa 'tragón' (cf. Saturio).
Variantes: Satur (hip.); *cat.* Sadurní; *eus.* Saturnin, Zernin, Satordi, Zadornin; *gall.* Sadurniño.

Saúl *S/on. scc. Saulo*
Nombre bíblico del A.T., *Sa'ul*, 'el deseado', portado por el primer rey de Israel. Helenizado más tarde en Saulo, nombre originario de Pablo de Tarso (*Paulus*), fonéticamente similar.
Variantes: *cat.* Saül; *ing. al.* Saul; *it.* Sàul.
Saul Bellow, novelista estadounidense, obtuvo en 1976 el premio Nobel (1915).

Sean *On. como Juan*
Forma hipocorística irlandesa de Juan.
Sean O'Casey, dramaturgo irlandés (1880-1964). Sean Connery, actor de cine escocés (1930). Sean Penn, actor de cine estadounidense (1960).

Sebastián *On. 20-1*
Con este nombre se pregona la honra, alta dignidad y majestad de su portador. En su origen se trata de una traducción giega del nombre latino *Augustus,* 'digno de respeto, venerable', 'majestuoso'. Así, como palabra griega, *sebastiás,* título que se otorgaba al Emperador, deriva del verbo *sebátzo*, que significa 'reverenciar, honrar'. Sebastián, mártir asaetado en Roma en el siglo III, es uno de los santos más venerados.
Variantes: *cat.* Sebastià; *gall.* Bastián (hip.); *eus.* Sebaste; *fr.* Sébastien (hip. Bastien); *ing. al.* Sebastian; *it.* Sebastiano (hip. Bastiano).
Sebastian Juan Arbó, escritor español en lenguas catalana y española (1902-1984). Sebastian Coe, atleta británico (1956).

Secundino *On. 18-2*
El nombre latino *secundus*, 'segundo', aplicado al hijo segundogénito.
Variantes: Secundiano, Secundilo, Secundio, Secundo, Segundino; Nino (hip.); *cat.* Secundí.

Segismundo *On. 1-5*
Del germánico *seig-mund*, 'el que protege por la victoria'. Famoso especialmente en Centroeuropa, donde ha sido portado por emperadores, e introducido también en España.
Variantes: Sigismundo, Sigmundo; *cat.* Segimon; *eus.* Sekismunda; *gall.* Sismundo, Sexismondo; *fr. ing.* Siegmund; *al.* Sigmund; *it.* Sigismondo.
Segismundo Moret, político español, presidente de gobierno (1838-1913). **Sigmund Freud**, neurólogo y psiquiatra austríaco, fundador del psicoanálisis (1856-1939).

Segundo *On. 9-1*
Del latín *secundus*, 'segundo', aludiendo al nacido en segundo lugar y, más genéricamente, a los 'segundones'.
Variantes: Secundo, Secundio, Secundino, Secundilo, Secúndolo.
Segundo de Chomón, pionero del cine español (1871-1929).

Sem *S/on.*
De origen hebraico, significa 'fama', 'buena casta', 'reputación'. Nombre de un patriarca bíblico, hijo de Noé y padre de la raza *semita*.

Sempronio *On. 27-7*
Del latín *Sempronius*, nombre de una familia romana que lo asimilaba a *sempiternus*, 'eterno', aunque probablemente sea de origen etrusco.

Senén *On. 30-7*
Las grafías antiguas *Sennen*, *Sennis* y *Zennen* sugieren una vinculación con *Zen*, sobrenombre de Júpiter en griego, por *zoé*, 'vida'. Hay quien le atribuye un origen persa basándose en una tradición sobre ambos santos.
Variantes: *cat.* Senent (hip. Nin, popular en Barcelona); *gall.* Senin.

Serafín *On. 12-10*
Uno de los nueve coros angélicos definidos por santo Tomás. Del hebreo *saraf,* 'serpiente' (plural *saraphim*), alude a la serpiente de bronce usada como amuleto curativo por los judíos en el Arca de la Alianza.
Variantes: Serafino; *cat.* Serafí; *eus.* Serapin; *fr.* Séraphin; *ing.* Seraphin; *al.* Seraph; *it.* Serafino.
Serafín Alvarez Quintero, escritor español (1871-1938).

Sereno *On. 28-6*
Del latín *serenus,* 'sereno', 'claro', 'tranquilo'. De aquí procede su actual uso, en superlativo, como forma honorífica: 'Su Alteza Serenísima'. Su popularidad ha renacido en los últimos años.
Variantes: *cat.* Serè.

Sergio *On. 24-2*
Tiene este nombre la virtud de sonar muy actual, pese a ser uno de los de más rancio abolengo de nuestra onomástica. Ya el poeta laureado Virgilio trató de dar su exégesis, haciéndolo derivar del noble guerrero troyano *Sergestus,* que dio lugar a *Sergius,* nombre de una familia principal romana. Probablemente tenga origen etrusco. Con este nombre, aunque de significado dudoso, se solía aludir a la cualidad de 'protector' o 'guardián' de su portador. Por haber sido muy usado desde siempre en la iglesia oriental, hay quien lo ha considerarlo, erróneamente, un nombre ruso.
Variantes: *cat. eus.* Sergi; *gall.* Serxio; *fr.* Serge; *ing. al.* Sergius; *ruso,* Sergej.
Sergei Prokofiev, compositor ruso (1891-1953). Sergei Rajmaninov, compositor ruso (1873-1943). Sergio de Diaghilev, crítico de arte ruso y fundador de los Ballets Rusos (1872-1929). Sergio Dalma, cantante español (1965). Segej Bubka, atleta ruso (1963). Sergi Bruguera, tenista español (1971). Sergio García, *el Niño,* golfista español (1980).

Servando *On. 23-10*
Este nombre romano, *Seruandus*, del verbo latino *servuare,* 'que ha de ser guardado', en principio significaba 'el que guarda u observa la ley', 'el equitativo', pero tras su entrada en el santoral cristiano, primó la sumisión hacia la ley espiritual, y el significado de 'el devoto'.
Variantes: Cervantes; *cat.* Servand.
Jean Servais Stas, químico belga (1813-1891).

Servio *S/on. scc. Servando*
Nombre latino: *Servius*, significa 'el que observa', o 'el que se conserva' (en el vientre de la madre fallecida, es decir, 'nonato').
Variante: *cat.* Servi.

Severiano *On. 9-9*
Gentilicio (*Severianus*) de Severo, nombre romano, extendido entre los cristianos desde el siglo VI por san Severiano, padre de tres santos y una santa (Leandro e Isidoro de Sevilla, Fulgencio y Florencia o Florentina).
Variantes: *cat.* Severià; *eus.* Seberin.
Severiano Martínez Anido, militar español, responsable de la represión del obrerismo en Barcelona (1862-1938). Severiano Ballesteros, jugador de golf español (1957).

Severino *On. 9-1*
Derivado de *severus*, en latín, 'severo', 'austero', que dio Severo. Otro posible significado es 'pelirrojo'. La forma danesa *Sören* ha sido extendida por el filósofo Sören Kierkegaard.
Variantes: Severiano; *cat.* Severí; *eus.* Seberin; *danés,* Sören.
François Séverin Marceau, general francés del siglo XVIII. Sören Kierkegaard, filósofo danés, precursor del existencialismo (1813-1855).

Severo   *On. 6-11*
Si bien el significado de este nombre es hoy claro, pues coincide con el del adjetivo *severus*, 'severo, riguroso, serio', sobre su origen etimológico se proponen dos lecturas. Puede proceder del latín *verus*, 'verdadero, auténtico', o de *saevus*, aplicado a los animales para resaltar su braveza.
Variantes: Severino, Severiano; *cat.* Sever; *eus.* Sebero
Sebero Altube, escritor y lexicógrafo vasco (1877-1963). **Severo Ochoa**, científico hispanoestadounidense (1905-1993), premio Nobel de Fisiología en 1959. **Severo Sarduy**, escritor cubano (1937-1993).

Sexto   *On. 31-12*
Del latín *sextus*, aludiendo al sexto hijo nacido. Con el tiempo acabó confundiéndose con Sixto, de distinto origen.
Variantes: *cat.* Sextus, Sisè.

Shadi   *S/on.*
Nombre árabe, que significa 'el que eleva sus cánticos', 'poeta'.

Sidney   *On. 10-12*
De origen francés, es la forma que adoptó el nombre Dionisio en los países de influencia normanda. Significa 'devoto de san Dionisio', en la versión cristiana, o 'consagrado a Dionisios', en la pagana.
Sidney Pollack, director y productor de cine estadounidense (1934).

Siervo   *On. 7-12*
Procede del latín *servus*, que significa 'siervo, esclavo', sobreentendiéndose 'de Dios', como en las formas explícitas Servideo o *Servus-Dei*.
Variantes: *cat.* Serf.

Sigfrido *On. 22-8*
Del germánico *sieg-frid*, que significa 'victorioso pacificador', procede el nombre de Sigfrido, héroe principal de la epopeya de los Nibelungos. Es un antropónimo muy popular en los países nórdicos. Variantes: Sifrido, Sigfredo; *cat.* Sigfrid; *fr. ing. al.* Siegfried; *nor.* Sigurd.
Siegfried Wagner, hijo de Richard, compositor y director de orquesta alemán (1869-1930). Siegfried Sassoon, poeta y novelista inglés (1886-1967). Siegfried Lnez, dramaturgo y narrador alemán (1926).

Silvano *On. 5-5*
Del latín *silvanus*, 'de la selva, silvestre' (v. Silvio). Nombre de origen italiano, muy extendido en España en su forma femenina por el cine, fundamentalmente por las estrellas Silvana Mangano y Silvana Pampanini.

Silvestre *On. 31-12*
Trae este nombre imágenes de naturaleza en estado salvaje. Procedente del latín *silvestris*, 'de la selva, silvestre', denotaba por extensión cualidades tan apreciadas como la espontaneidad y la viveza. A toda esta fuerza telúrica parece aludir el nombre de la festividad de san Silvestre, que se celebra precisamente la vitalista noche de fin de año.
Silvestre Sawidsky, líder comunista ruso. Michael Sylvester Stallone, culturista, actor de cine y empresario de hostelería estadounidense (1946).

Silvio *On. 21-4*
Entre los antiguos romanos, pronunciar este nombre era evocar un sinfín de figuras que desde tiempos inmemoriales habían poblado sus bosques y su imaginación. Procede del latín *silva*, 'bosque', y en esta palabra, intensamente connotada, se entrecruzan los campos semánticos de

la 'vida en plenitud' y la 'frondosidad', del misterio telúrico, de la naturaleza en estado salvaje y de la capacidad del ser humano de adaptarse a ella, con sagacidad y vigor. Dado como sobrenombre a la legendaria *Rhea Silvia*, madre de Rómulo y Remo, fundadores de Roma, el nombre acabó de consolidar un prestigio mantenido durante milenios.
Variante: *cat*. Silvi.

Silvio Pellico, escritor italiano (1779-1854). Leopold Sylvius Weiss, compositor alemán (1686-1750). Silvio Berlusconi, magnate de la comunicación y político italiano (1936).

Simeón *On. 1-6*
Nombre hebreo. La madre de este patriarca, Lía, exclamó al alumbrarlo: «*samá*», que significa 'Dios me ha escuchado'. Pero esta explicación parece una simple etimología popular, de modo que el auténtico significado del nombre sería más bien 'el que escucha, el que cumple un voto'.
Variantes: Simón. Forma antigua: Ximeno, de donde Jimeno; *cat*. Simeó (hip. Salo); *eus*. Simone; *fr*. Siméon; *ing*. Simeon; *it*. Simeone.

Simeón II, último rey de Bulgaria antes de la ocupación del país por la URSS en 1946.

Simón *On. como Simeón*
Variante de Simeón, portada por el apóstol a quien Jesús cambió el nombre por Pedro, primer Sumo Pontífice de la Iglesia católica.
Variantes: *cat*. Simó.

Simón de Montfort, noble normando que lideró la cruzada contra los albigeses (1150-1218). Simón Bolívar, prócer venezolano (1783-1830). Shimon Peres, político israelí (1923).

Simplicio *On. 20-11*
Del latín *Simplicius*, 'sin artificio, simple', en el sentido de 'sin malicia'. Es sinónimo de Acacio.

Siro *On. 23-9*
Nombre de origen incierto, quizá sea gentilicio, *Sirius*, que significa 'habitante de la Siria'. Se identifica a veces con Cirano.
Variante: *cat.* Sir.

Sixto *On. 5-8*
Procede del griego *systós*, 'liso', 'pulido', aunque posteriormente ha sufrido la influencia del latino *sextus*, 'sexto', aplicado al hijo nacido en ese lugar. Es un nombre predilecto en el Papado, elegido entre otros por Sixto IV, el Papa al que más debemos el aspecto «pulido» de la iglesia de san Pedro de Roma, pues fue quien mandó construir la Capilla Sixtina en 1473 y quien encargó la decoración con frescos a Miguel Ángel.
Variantes: *cat.* Sixt, Sixte; *eus.* Sista; *fr.* Sixte; *it.* Sisto.

Sócrates *On. 19-4*
Nombre griego, de *soos*, 'sano', y *kratos*, 'fuerza', significa 'sano y fuerte'. Su portador más ilustre es el filósofo griego del siglo v a.C., maestro de Platón, quien lo inmortalizó en sus diálogos.

Sófocles *S/on.*
Del griego *sophos-kles*, 'glorioso por el saber'. Por la sabiduría de sus obras quedó en la historia el gran Sófocles, poeta trágico griego del siglo v a.C.
Variante: *cat.* Sòfocles.

Solón *On. 17-2*
Quizás es contracción de *soloikos*, que significa 'hablar mal'. Es paradoja que se llamase así Solón (640-560 a.C.), uno de los siete sabios de Grecia, político ateniense, famoso legislador y célebre por su elocuencia.

Soro   *On. 1-2*
Probablemente del griego *sorós*, 'urna, sagrario'.
Variante: *cat.* Soros.
George Soros, especulador financiero y filántropo británico, de origen húngaro (1930).

Sotero   *On. 22-4*
Nombre de origen griego, cristianizado posteriormente, de *soter*, 'salvador' (cf. Cristo, Salvador), aplicado inicialmente a Júpiter, y después, por extensión, a Jesucristo.
Variantes: *cat.* Soter; *eus.* Xoter.

Sulpicio   *On. 20-4*
Nombre romano, portado por ilustres oradores y tribunos, *Sulpicius*, de origen incierto y quizá relacionado con Sula o Sila, el dictador, o con *sulphur*, 'azufre'.
Variantes: *cat.* Sulpici; *eus.* Sulbiki.

Svante   *S/on.*
Nombre escandinavo, originado en la voz *svan*, que significa 'cisne'.
Svante August Arrhenius, químico sueco (1859-1927).

T

Taciano *On. 12-1*
Gentilico de Tacio, legendario rey de los sabinos, que reinó con Rómulo. Procede de la voz infantil *tata*, 'padre'.
Variante: *cat*. Tacià.
Taciano, escritor eclesiástico sirio del siglo II, discípulo dilecto de Justino el Mártir.

Tadeo *On. 28-10*
Nombre de uno de los doce apóstoles, Judas Tadeo; procede de *Taddeus*, que significa 'el que alaba'.
Variantes: *cat*. Tadeu; *eus*. Tada; *fr*. Thaddée; *ing*. Thaddaeus (hip. Thady); *al*. Thaddaeus; *it*. Taddeo; irlandés, Thadys.
Tadeus Reichstein, bioquímico suizo, obtuvo en 1950 el premio Nobel de Fisiología (1897-1985). Tadeusz Kantor, dramaturgo, pintor y escenógrafo polaco (1915). Tadeusz Mazowiecki, político polaco (1927).

Tamir *On. 1-5*
De origen hebreo, significa 'amo de las palmeras'. En los países del desierto, ser dueño de un oasis es una expresión máxima de prosperidad.

Tancredo *On. 9-4*
Nombre medieval, portado por un famoso cruzado de los siglos XI-XII. Del germánico *thank-rad*, 'el del consejo inteligente'. El *Don Tancredo*, figura de los antiguos toros, lleva el nombre del primer practicante.
Variantes: *cat. ing. al*. Tancred; *fr*. Tancrede; *it*. Tancredi.

Tarif *S/on.*
Nombre árabe. Significa 'excepcional, extraordinario'.

Taro *S/on.*
Nombre japonés. Significa 'primer hijo varón', 'primogénito'. Como lo fue en la antigua Roma, es costumbre en el Japón nombrar a los hijos con ordinales: Jiro, Saburo, Shiro, etcétera.

Tarsicio *On. 14-8*
Del griego *tharsíkios*, que significa 'valiente'.Eeste significado es uno de los más repetidos en la onomástica universal.
Variante: *cat.* Tarsici.

Telmo *On. 14-4*
Sobrenombre de san Erasmo y de san Pedro González, *Sant-Elmo*.
Variantes: Erne; *cat.* Elm.
Telmo Zarraonaindía, *Zarra,* futbolista español (1921).

Teo *S/on.*
Nombre germánico, de *theud*, 'pueblo'. También es hipocorístico de nombres con este elemento, como Doroteo, Teófilo o Teofrasto.

Teobaldo *On. 13-9*
De origen germánico, *Theud-bald;* significa 'pueblo valiente'.
Variantes: Teodobaldo; y se toma como tal, impropiamente, Teobardo (en realidad de *theud-berht*, 'pueblo famoso'); *cat.* Teobald, Tubau; *eus.* Tobalda, Tibalt; *fr.* Thibault; *ing. al.* Theobald; *it.* Tebaldo, Tibaldo.
Theobald von Bethmann-Hollweg, político alemán (1856-1921).

Teodomiro   *On. 25-7*
Del germánico *theud-miru*, que significa 'pueblo insigne'. Corriente en la Edad Media, hoy día es más común en su forma antigua. Todmir es su variante árabe, aplicada a un noble visigodo que en el siglo VIII constituyó un reino independiente en el interior de la España musulmana.
Variantes: Teomiro; Tomé (ant.); *cat.* Teodomir; *eus.* Todomir.

Teodorico   *On. 15-10*
Del germánico *theud-ric*, 'pueblo poderoso', o también 'líder del pueblo'. No guarda relación etimológica alguna con Teodoro.
Variantes: *cat.* Teodoric, Todolí; *fr.* Thierry; *ing.* Theodoric, Terry (hips. Derek, Derrick); *al.* Dieter, Theoderich, Dietrich.
Derek Jacobi, actor de teatro y cine británico (1938). **Derek Walcott**, poeta antillano en lengua inglesa (1930). **Derek Mahon**, poeta irlandés (1941).

Teodoro   *On. 20-4*
Este nombre forma parte de una nutrida tradición onomástica que nace de una expresión de júbilo y agradecimiento ante el nacimiento de un nuevo ser. Del griego *Theodoros*, significa 'don de Dios' (cf. Doroteo, formado por los mismos elementos en orden inverso, y sus sinónimos). Fue muy popular en la Edad Media, especialmente en Rusia, donde se transformó en el antropónimo Feodor. Deriva también del mismo origen el apellido Tudor, portado por una dinastía inglesa en el siglo XVI.
Variantes: Doro, Teo (hips.); *cat.* Teodor; *eus.* Todor; *fr.* Théodore; *ing.* Theodore (hip. Teddy); *al.* Theodor; *ruso,* Feodor.
Feodor Dostoievski, novelista ruso (1821-1881). **Theodore Roosevelt**, militar y político estadounidense (1858-1919). **Theodor W. Adorno**, filósofo y musicólogo alemán (1903-1969). **Ted Hugues**, escritor británico, poeta laureado (1930-1999).

Teófilo *On. 4-2*
Procede del griego *Teóphilos*, 'amigo de Dios', 'inclinado al Señor'.
Nombre muy popular en otras épocas, hoy casi olvidado.
Variantes: *cat*. Teòfil; *eus*. Topil; *fr*. Théophile; *ing*. *al*. Theophilus; *it*.
Teofilo.
Théophile Gautier, escritor francés (1811-1872). Teófilo Stevenson, boxeador cubano, campeón de los pesos pesados (1952).

Terencio *On. 10-4*
Del latín *Terentius*, portado por una familia romana. Aludía al *terentum*, lugar del campo de Marte destinado a la celebración de Juegos (y este nombre, de *teres*, 'delicado', 'fino', 'tierno').
Variantes: *cat*. Terenci, Trens; *eus*. Terentzi; *fr*. Terence (hip. Terry); *ing*. Terence (hip. Terry).
Terence Rattigan, autor dramático inglés (1911-1977). Terenci Moix (Ramon Moix i Messeguer), escritor español en lenguas castellana y catalana (1942).

Teseo *S/on.*
Nombre de origen griego, procede de *Theos*, 'Dios', y significa 'hijo de Dios', por considerarse al ateniense Teseo hijo del dios Neptuno. Este héroe mitológico griego fue el matador del Minotauro gracias al ardid del hilo de Ariadna, que le permitió guiarse en el laberinto.
Variantes: *cat*. Teseu.

Tiburcio *On. 14-4*
Nombre romano gentilicio, *Tibures*, habitante del *Tibur*, antiguo barrio de Roma en la colina del mismo nombre, hoy Tívoli.
Variantes: Burcio, Burico (hips.); *cat*. Tiburci; *eus*. Tiburtzi; *it*. Tiburzio.

Ticiano *On. 11-5*
Nombre latino, considerado como gentilicio romano. De origen incierto, quizá relacionado con el *Tibur* (Tívoli, barrio de Roma en la colina del mismo nombre), o más bien, gentilicio de Tito.
Variantes: *cat.* Ticià; *fr.* Titien; *it.* Tiziano.
Tiziano Vecellio, pintor renacentista italiano (h. 1488-1576).

Timoteo *On. 26-1*
Del griego *timao-Theos*, 'amor, adoración a Dios'. La palabra *timáo*, 'honrar, rendir culto', también dio el antropónimo Timón, hoy en desuso. El nombre designaba entre los cristianos a aquél que es digno de fiar, en quien se puede depositar la confianza por su fidelidad a la ley divina. Su patrón, san Timoteo, discípulo predilecto de san Pablo, y destinatario de dos de sus epístolas, confirma la interpretación de este nombre.
Variantes: *fr.* Timothée; *ing.* Timothy (hip. Tim); *al.* Timotheus.
Timothy Dalton, actor de cine y teatro británico (1946).

Tirso *On. 24-1*
Nombre latino procedente de la palabra griega *thyrsos*, bastón guarnecido de hojas de parra y utilizado con carácter mágico-religioso en las bacanales para simbolizar al dios Baco.
Tirso de Molina (Fray Gabriel Téllez), dramaturgo español (1584-1648).

Tito *On. 26-1*
Nombre de una familia ilustre romana. Aunque dicha familia pretendía asimilarlo a la voz *tites*, 'protegido, honrado', o tal vez 'defensor', en realidad su origen es etrusco, y su significado, incierto.
Variantes: *cat.* Titus; *eus.* Tita.

Tobías   *On. 2-11*
Del hebreo *tobi-iah*, 'mi bien es Yahvé'. Se llamaron así dos personajes bíblicos, padre e hijo, protagonistas de un piadoso episodio de amor filial.
Variantes: *cat*. Tobies; *eus*. Tobi; *ing*. Tobias; *al*. Tobie; *it*. Tobìa.

Tobie Smollett, novelista escocés (1721-1771). **Tobías Barreto**, filósofo y jurista brasileño (1839-1889).

Tomás   *On. 21-12*
En arameo, lengua en la que predicó Jesús, significa 'gemelo, mellizo', helenizado como *Didymos;* pero en la Biblia, *Thoma* era el nombre del apóstol famoso por su incredulidad, y es éste uno de esos nombres cuyo significado procede más de la huella que han dejado en él sus primeros portadores, que de su propia etimología. Ese no creer sin antes ver y tocar, ese «meter el dedo en la llaga», prefigura el afán inquisitivo, la búsqueda del saber, que ha caracterizado a varios portadores históricos de este nombre, como santo Tomás Becket o de Canterbory, santo Tomás Moro o santo Tomás de Aquino, el mayor filósofo de la Iglesia.
Variantes: *cat*. Tomàs; *eus*. Toma, Tomax; *fr. al*. Thomas; *ing*. Thomas (hips. Tom, Tommy); *it*. Tommaso (hip. Maso).

Thomas Stearns Eliot, poeta y crítico literario británico (1888-1965). **Thomas Mann**, novelista alemán, premio Nobel de Literatura en 1929 (1875-1955). **Thomas Alva Edison**, inventor estadounidense (1847-1931). **Tom Hanks**, actor de cine estadounidense (1956). **Tom Cruise**, actor de cine estadounidense (1962).

Toni   *On. como Antonio*
Forma hipocorística de Antonio. Alterna con Ton y Tonio.

Toni Rominger, ciclista danés nacionalizado suizo (1961). **Toni Miró**, diseñador de moda español (1947).

Torcuato   *On. 15-5*
Del latín *Torquatus*, 'adornado con un collar', por *torques*, 'collar' o 'brazalete', derivado del verbo *torqueo*, 'girar, hacer girar, torcer, rodar'. Esta misma raíz está presente en palabras como 'tormento' y 'tortura'. Según la tradición, el primer portador fue un guerrero romano, que se puso el collar de oro de un galo a quien había matado en combate y que recibió por ello el sobrenombre de Torcuato.
Variantes: *cat.* Torquat; *gall.* Torcado; *eus.* Torkora; *it.* Torquato.
Torquato Tasso, poeta italiano (1544-1595). **Torcuato Luca de Tena**, escritor español (1923). **Marcelo Torcuato de Alvear**, político radical argentino (1868-1942).

Toribio   *On. 23-3*
Nombre de origen griego, *Thoríbios*, por el adjetivo *thoribódis*, que significa 'ruidoso, estrepitoso' y también, 'movido, turbulento'. Otra etimología aducida, poco probable, lo deriva del noruego antiguo *Thorbiorn*, 'oso de Thor'. Tanto conserva este nombre su significado etimológico, que se suele aplicar como calificativo a los niños de tales características.

Tristán   *On. 12-11*
Nombre muy controvertido: para unos es celta, de *drest*, 'ruido, tumulto', o de *trwst*, 'mensajero, heraldo'; para otros, germánico, derivación del nombre de Thor, dios de la guerra, con *stein*, 'piedra': 'gema de Thor'. Con posteriores injertos de otras influencias: un hijo de san Luis de Francia fue llamado así por la 'tristeza' de su madre en los días del nacimiento. Su máxima fama arranca del romance *Tristán e Isolda*.
Variantes: *cat.* Tristany; *fr.* Tristan; *ing.* Tristram; *al.* Tristan; *it.* Tristano.
Tristan Tzara (Samy Rosenstock), escritor francés de origen rumano, padre del dadaísmo (1896-1963). **Tristan Bernard**, periodista y autor dramático francés (1866-1947).

Tulio   *On. 19-2*
Existía en la Roma antigua una tradición por la que el *pater familias* alzaba al recién nacido que iba a criar. Tal vez el nombre Tulio sea vestigio de esta costumbre, pues procede del latín arcaico *tulo, tullo,* de *tollo,* 'levantar'. El genitivo *Tullius* significa 'perteneciente a Tullus', y fue el nombre de una familia ilustre romana.

Túpac   *S/on.*
Nombre de varon quechua, en recuerdo de José Gabriel Condorcanqui (1742-1781), llamado Túpac Amaru, líder indígena del Perú.

U

Ubaldo   *On. 16-5*
Nombre germánico, *Hugbald*, popular en Italia. Sus dos elementos son *hugu*, 'inteligencia', 'pensamiento', y *bald*, 'osado', presente en el adjetivo inglés *bold*. Significa 'de espíritu audaz'.
Variantes: Baldo (hip.); *cat.* Ubald; *eus.* Ubalda; *it.* Ubaldo.

Ugranfir   *S/on.*
Nombre guanche, derivado de la voz *ankra-fil*, que significa 'hombre de pies contrahechos'. En el siglo XV se extendió por las islas Canarias por el prestigio de un caudillo palmero, pariente de Tanausú.

Ugutz   *On. como Bautista*
Forma eusquera de Bautista.

Ulises   *S/on.*
Nombre elegido por Homero para Ulises, el protagonista de *La Odisea*. La forma griega original *Odysseus* derivó en la latina *Ulysses* por influencia del nombre etrusco *Uluxe*. El propio Homero dio el significado 'el que odia', 'el que tiene rencor'. Así, *odyssesthay*, que significa 'colérico', es uno de los rasgos del carácter del héroe impresos en su nombre. Otra etimología propuesta es *odios*, 'que hace camino', aludiendo al largo camino del héroe de vuelta al hogar, su mítico regreso a Ítaca.
Variantes: *cat.* Ulisses; *fr.* Ulysse; *ing.* Ulysses; *it.* Ulisse; *gaélico,* Ulick.
Ulysses S. Grant, militar y presidente de Estados Unidos (1822-1885).

Ulrico   *On. 19-4*
Antiguo nombre anglosajón, posiblemente *Ulfric* o *Wulfric,* compuesto de *wulf,* 'lobo', y *rik,* 'jefe, poderoso'. Interpretado por extenso, este nombre daría 'el jefe guerro poderoso y agresivo como un lobo'. Pero se han propuesto igualmente otras fuentes: *ald-ric,* 'gobernante poderoso', *ulda-ric,* 'voluntad poderosa', y tal vez, también, una transliteración de éste, que daría *udal-ric,* 'patria poderosa'.
Variantes: Uldarico, Udalrico; *cat.* Ulric; *fr.* Ulric; *ing.* Ulric; *al.* Ulrich.
Ulrich Wilamowitz-Moellendorff, filólogo y helenista alemán (1848-1931).

Umberto   *On. 5-8*
Grafía italiana, con pérdida de la *h* inicial, de Humberto, que significa 'el brillo del cachorro'.
Variantes: *cat.* Umbert.
Umberto Nobile, aviador, explorador y general italiano (1885-1978). Umberto Bocioni, pintor y escultor calabrés (1882-1916). Umberto Eco, semiólogo, ensayista y novelista italiano (1932).

Urbano   *On. 30-7*
Nombre latino, del gentilicio *urbanus,* 'perteneciente a la ciudad', en el sentido de 'civil, urbano, cortés', y por extensión 'bien educado, fino, pulido', significados que se contraponen, respectivamente, a los de *rusticus* 'rústico, del campo' y 'grosero, basto, sin pulir' (cf. Rústico). Fue un nombre predilecto del Papado.
Variantes: Urbe, Úrbez, Úrbico, Urbicio; *cat.* Urbà; *eus. ing.* Urban; *fr.* Urbain; *al.* Urbanus.
Urbain de Maillé de Brézé, mariscal de Francia y virrey de Cataluña (1597-1650).
Urbain Le Verrier, astrónomo francés (1811-1877).

Urías *S/on. scc. Uriel*
Nombre de un personaje bíblico, marido de Betsabé. Del hebreo *ur-iah*, 'fuego de Dios': *ur*, 'luz', y el sufijo *iah*, que alude perifrásticamente a Dios, cuyo nombre era impronunciable por respeto.
Variantes: *cat.* Uries; *fr. it.* Urias; *ing.* Uriah.

Uriel *On. 1-10*
Nombre hebreo, del mismo significado que Urías. Procede de *ur-eil*, donde el sufijo teóforo *-iel* es análogo a *-iah* (cf. Elías).
Variantes: *it.* Uriele.

Ursino *On. 9-11*
Del latín *Ursinus*, patronímico de Urso, y éste, de *ursus*, 'oso'. En las lenguas germánicas, este antiguo nombre indoeuropeo para el oso, presente, por ejemplo, en el sánscrito, en el griego y en el gaélico, será sustituido por *berin,* que originariamente significaba 'pardo', cuando se vuelva impronunciable por tabú religioso, al ser relacionado con el demonio.
Variantes: *cat.* Ursí; *eus.* Urtsin; *it.* Orso, Orsini.

V

Valdemaro *On. 15-7*
Nombre de origen germánico, *Waldemar,* de *wald,* 'gobierno', y *mers,* 'ilustre, famoso', significa 'resplandeciente en el mando', o también 'caudillo glorioso'. Se llamaron así cuatro reyes de Dinamarca.
Variantes: Valdemar, Waldemaro; *cat.* Valdemar.
Valdemar Poulsen, ingeniero de sonido danés (1869-1942).

Valente *On. 26-7*
Nombre de origen latino, procede de *Valens,* a partir del verbo *valeo,* significa 'valioso', es decir 'que tiene valor', y también, en interpretación paralela, 'valiente, gallardo, fuerte'. Esta acepción de 'valeroso, decidido' apareció posteriormente, por influencia del inglés *valiant.*
Variantes: *cat.* Valent, Valenç.
Valente, emperador romano del siglo IV.

Valentín *On. 14-2*
Es el gentilicio de Valente, a partir de la forma *Valentinus.* Además de su significación etimológica, alusiva al valor y la fortaleza, este nombre está fuertemente connotado por la figura de su patrón, san Valentín, sacerdote romano del siglo III, martirizado por haber casado en secreto a cientos de parejas, lo cual iba en contra del Imperio, pues despistaba a los muchachos de su dedicación a la milicia. La fiesta de este santo, día de los enamorados, es la cristianización de las ancestrales fiestas de la fertilidad paganas, que anunciaban la venida de la primavera.

Variantes: Valen; *ast.* Valiente; *cat.* Valentí; *gall.* Ventín; *eus.* Balendin; *fr. ing.* Valentine; *al.* Valentin; *it.* Vallentino; *ruso,* Valentin.

Valentí Almirall, político y escritor español (1841-1904). Valentí Massana, marchador español (1970).

Valeriano *On. 28-11*
Patronímico de Valerio, en latín, *Valerianus.*
Variantes: *cat.* Valerià; *eus.* Baleren; *al.* Valerian.
Valeriano Weyler, condecorado militar español (1838-1930).

Valerio *On. 28-4*
Forma adjetivada del nombre latino *Valerus*; significa 'que vale, sano', así como 'que tiene valor, corajudo'.
Variantes: *cat.* Valeri; *eus.* Baleri; *fr.* Valéry; *ing.* Valery; *al.* Valerius.
Valeri Serra i Boldú, folclorista y polígrafo español (1875-1938). Valéry Giscard d'Estaing, político francés (1926).

Vasco *S/on.*
Gentilicio íbero: 'perteneciente al grupo étnico de los vascones', pueblo bárbaro que dio nombre a los actuales vascos. Es también contracción de Velasco, usado especialmente en Galicia y Portugal.
Vasco da Gama, navegante portugués (h. 1469-1524). Vasco Pratolini, escritor italiano (1913-1991). Vasco Núñez de Balboa, conquistador español de las Américas (1475-1517).

Valfrido *S/on.*
De origen germánico, *Walfrid,* de *wald,* 'gobierno', y *frid,* 'protección', significa 'el amparo del gobierno', o sea, 'el que protege con su poder'.
Variantes: Walfrido, Valfredo, Gualfredo.

Velasco *S/on.*
Nombre medieval, al parecer derivado de Blasco o Balasco, y éstos, del teutón *bela*, 'cuervo'. Puede tener asimismo un remoto origen eusquera (Belasco se conserva como apellido sefardita): de *belas*, 'prado' (el radical *b* significa 'lo más bajo'; *el*, 'la ladera; y *as*, 'vegetación abundante') y *-ko*, partícula que indica procedencia; significa, así pues, 'aquel que viene del prado'. Su patronómico es Velázquez.
Variantes: *cat.* Velasc; *gall.* Vasco.

Venancio *On. 1-4*
Evolución del latín *Venantius*, de *uenans*, 'el que caza', 'cazador', que a su vez procede del verbo *uenor*, 'perseguir la jabalina', 'cazar'. La misma raíz está presente en el avéstico *vanaiti*, 'conquista' y en el inglés *to win*, 'ganar', por lo que podría interpretarse también como 'vencedor'.

Venceslao *On. 28-9*
Del antiguo checo *veçeslav*, compuesto de *vece*, 'más', y *slav*, 'gloria', es decir, literalmente, 'el más glorioso'. Se hizo popular por san Venceslao, cristianizador de Bohemia en el siglo X.
Variantes: Wenceslao; *cat.* Venceslau; *eus.* Benceslas; *al.* Wenzel; *checo*, Václav; *ruso*, Wjacheslaw.
Vaceslav Molotov, político ruso, que dio nombre al célebre «cóctel» explosivo (1890-1986). **Václav Havel**, escritor y político checo (1936).

Venerio *On. 13-9*
Nombre originado en un gentilicio del nombre de la diosa Venus (del latín *venere*, 'gracia'). Traducible como 'gracioso, agraciado'.
Variantes: *cat.* Veneri.

Ventura *On.* 3-5
Es sinónimo de 'felicidad, dicha' y, como nombre pila, señal de buen agüero. Del plural del latín *venturum*, 'lo que ha de venir', por el verbo *uenio,* 'venir'. Usado también como hipocorístico de Buenaventura.
Ventura Rodríguez, arquitecto español (1717-1785). **Ventura Pons,** cineasta catalán.

Vernerio
Del germánico *Werner,* a través de su forma arcaica *Warinhari,* compuesta de *warin* o *warn,* 'proteger, cuidar', y de *hari,* 'ejército'. Significa 'la protección del ejército'.
Variantes: Guarnero; *cat.* Verneri; *it.* Guarnerio; *fr.* Garnier; *ing.* Warner.

Vicente *On.* 5-4
Destinado a vencer; tal era la promesa dada a quienes al nacer les era puesto este nombre, que procede de *Vincens,* participio presente del verbo latino *uinco,* 'vencer'. Dicen los etimologistas que está sacado del Apocalipsis: «Al que venza [*Vicenti*] le daré un maná escondido, y una piedrecilla blanca, y escrito en ella un nombre nuevo que nadie conoce, sino quien lo ha recibido.» Su patrón, san Vicent Ferrer, esclesiástico y escritor valenciano (1350-1419), fue ejemplo de esta capacidad de triunfo, por su fuerza magnética, carisma y don de lenguas legendarios.
Variantes: Vicencio, Víctor, Victores, Victorio, Victorino, Victoriano, Victoricio, Victricio, Victuro; *cat.* Vicenç, Vicent; *gall.* Vicenzo; *eus.* Bingen, Bikendi, Mikeldi, Bixintxo, Bixente; *fr. ing. al.* Vicent; *it.* Vincenzo.
Vicente López, pintor español (1772-1850). **Vincent van Gogh,** pintor y dibujante holandés (1853-1890). **Vicente Aleixandre,** poeta español, premio Nobel de Literatura en 1977 (1898-1984). **Vicente Minnelli,** realizador estadounidense, destacado autor de comedias musicales (1906-1986). **Vicente Aranda,** director cinematográfico español (1926).

Víctor   *On. 8-5*
Haber nacido para vencer ha sido un don muy valorado en todos los tiempos y lugares. Ya los griegos y los romanos tuvieron por diosa a la Victoria, y del latín procede *Victor*, 'vencedor', uno de los rasgos semánticos más repetidos en los antropónimos. En su origen etimológico tiene afinidad con el participio *vinctus*, 'atado, dominado', y con el sustantivo *victus*, 'alimento'. En la Edad Media cambió el objeto del triunfo, y la interpretación cristiana se impregnó de la victoria de Jesucristo y de sus seguidores sobre el pecado. Pagano o cristiano, ser un vencedor sigue siendo el ideal del presente, y el nombre que lo proclama es apreciado y muy popular por su significado y su rotunda sonoridad. Son sinónimos, entre muchos otros, Almanzor, Aniceto, Esteban, Laureano, Lauro, Nicanor y Nicasio.
Variantes: Victorio, Victorino, Vitores; *eus*. Bitor, Bidun; *fr. ing.* Victor (hip. Vic); *it*. Vittore.
Víctor Balaguer, político, historiador y escritor español (1824-1901). Victor Hugo, figura universal de la letras francesas (1802-1885). Víctor Mora, escritor español (1931). Víctor Manuel, cantautor español (1950). Víctor Ullate, bailarín y coreógrafo español.

Victoriano   *On. 23-3*
Gentilicio de Víctor.
Variante: Victorián; *cat*. Victorià; *eus*. Bittoren; *fr. al*. Victorien.
Victorien Sardou, autor dramático francés (1831-1908).

Victorio   *On. 17-11*
Del latín *victorius*, 'victorioso' (v. Vicente).
Variantes: *cat*. Victori; *gall*. Vitoiro.
Vittorio de Sica, actor y director cinematográfico italiano (1901-1974). Vittorio Gassmann, actor y director cinematográfico italiano (1922).

Vidal *On. 4-11*
De origen latino, *vitalis*, 'vital, que tiene vida, sano', aludiendo en particular a la vida sobrenatural. Son sinónimos Elviso, Salustio y Valente.
Variantes: Vital (ant.); *eus.* Bidal; *it.* Vitale.
San Vital de Boloña, que tuvo por maestro a Agrícola.

Vinicio *S/on.*
Nombre romano, originado quizás en *venire*, 'venir': 'el que viene', aplicado a recién nacidos. Tomó popularidad por Marco Vinicio, protagonista de la novela *Quo vadis?* (1896), del escritor polaco Henryk Sienkiewicz, llevada con gran éxito al cine.
Variantes: *cat.* Vinici; *it.* Vinìcio.
Vinicius de Moraes, escritor y diplomático brasileño (1913).

Virgilio *On. 26-6*
Nombre de familia romano, *Virgilius,* quizá derivado de la forma *virgis*, 'virga, rama', aludiendo a las de los laureles que abundaban en el lugar natal del poeta autor de *La Eneida*. Es posible la etimología *uergo*, 'inclinar, doblarse, declinar (referido a un astro)', de donde proceden las *Vergiliae* o Pléyades, que aparecen a fin de la primavera.
Variantes: *cat.* Virgili; *gall.* Virxilio.
Publio Virgilio Marón, poeta romano (70-19 a.C.). Narciso Virgilio Díaz de la Peña, pintor y litógrafo español (1808-1878).

Vitaliano *On. 17-7*
Nombre de origen latino, *Vitalianus*, gentilicio de Vital.
Variantes: *cat.* Vitalià; *it.* Vitali.
Vitali Scherbo, gimnasta bielorruso (1972).

Vitelio *S/on.*
Del gentilicio latino *vitellus*, 'relativo al ternerito' (*vitulus*, 'ternero').
Fue un nombre corriente en la antigua Roma.
Variantes: *cat.* Vitel·li.

Viviano *On. 28-8*
Nombre de origen latino, *Vivianus*, al parecer un gentilicio relaciona-
do con *vivus*, que significa 'vivo, vital'.
Variantes: Bibiano; *cat.* Vivià; *fr.* Vivien.

Vladimiro *On. 15-7*
Del eslavo *vladi*, 'señor' y *mir*, 'mundo': 'señor del mundo', extendido
por Europa por san Vladimiro, apóstol de los rusos en el siglo X.
Variantes: *cat. it.* Vladimir; *al.* Wladimir.
Vladimir Ilich Ulianov, *Lenin*, teórico del comunismo y líder revolucionario ruso
(1870-1924). **Vladimir Nabokov**, escritor estadounidense de origen ruso (1899-1977).

W

Wady *S/on.*
Nombre árabe; significa 'suave', de trato agradable', y también 'pacífico'.
Variante: Wadih.

Walberto *On. 18-9*
Nombre germánico, para el que se proponen dos etimologías igualmente plausibles: puede proceder tanto de *wahl-berht*, 'extranjero ilustre', como de *wald-berht*, 'gobernante ilustre'.
Variantes: Gualberto, Valberto; *cat.* Walbert; *fr.* Waldebert; *al.* Waldbert.

Waldo *S/on. scc. Ubaldo*
Del germánico *wald*, forma de *ald*, 'viejo', 'canoso', y, por extensión, 'gobernante, caudillo' (v. Aldo). Puede ser hipocorístico de alguno de los muchos nombres que empiezan con este elemento, muy apreciados por la onomástica germana: Valdemar, Walberto, Walfrido, etcétera.
Variantes: *cat.* Wald.
Ralph Waldo Emerson, filósofo y poeta estadounidense (1803-1882). Waldo de los Ríos, compositor argentino.

Walfredo *On. 12-10*
Del germánico *Waldfrid*, que significa 'la protección del mando' o 'el caudillo pacificador', por *wald,* 'caudillo', y *frid,* 'paz'.
Variantes: Walfrido, Valfrido, Valfredo, Gualfredo; *cat.* Walfrid; *al.* Walfried.

Walter *On. 2-8*
Del germánico *wald-hari*, que significa 'jefe del ejército'.
Variantes: Gualterio, Gutierre; *cat.* Gualter; *fr. ing. it.* Walt (hip.).
Walt Disney, dibujante y productor de cine estadounidense (1901-1966). Walt Whitman, poeta estadounidense (1819-1892). **Walter Gropius**, arquitecto, pedagogo y teórico del arte alemán (1883-1969). **Walter Scott**, novelista, poeta y publicista escocés (1771-1832).

Wasim *S/on.*
Nombre árabe. Significa 'hermoso, atractivo'. Equivalente de Jamal.

Wenceslao *On. como Venceslao*
Variante de Venceslao. Tomaron este nombre varios reyes de Bohemia, entre ellos el famoso Wenceslas IV del siglo XIV.
Wenceslao Fernández Flórez, escritor español (1879-1964).

Werner *On. 18-4*
Antropónimo de origen germánico, muy popular en Alemania; procede de *warin*, nombre de una tribu, y *hari*, 'ejército'.
Variantes: Guarnerio, Vernerio, Wernerio; *cat.* Werneri.
Werner Heiseberg, científico alemán, obtuvo en 1932 el premio Nobel de Física (1901-1976). **Wernher von Braun**, físico alemán nacionalizado estadounidense (1912-1977).

Wifredo *On. 12-10*
De origen germánico. Su forma primitiva es Jofre, nombre derivado de *Gaut*, nombre de una divinidad de la mitología germánica (de la cual derivan a su vez apellidos como Godón y Gaudí), junto con la terminación *frith*, que significa 'paz'.
Variantes: Guifré, Walfrido, Jofre; *cat.* Guifré.

Wilfredo *On. 29-4*
Del nombre germánico *Willfrid*, 'pacificador decidido', compuesto por
wil, 'voluntad', y *frid*, 'paz'. Puede interpretarse también como 'aquel a
quien su voluntad sirve de protección'.
Variantes: Wilfrido, Vilfredo, Vilfrido, Wilferdo; *cat.* Wilfrid; *al.*
Wilfried.
Wilfrid Laurier, político canadiense (1841-1919). Wilfrid Baumgartner, financiero y
político francés (1902-1978). Wilfredo Lam, pintor surrealista cubano (1902-1982).

William *On. como Guillermo*
Forma inglesa de Guillermo, muy extendida por todos los países, in-
cluso en los de habla no inglesa. En Gran Bretaña es uno de los nom-
bres más elegidos, portado por personajes de la talla de William
Shakespeare, cumbre de la literatura dramática universal.
Son habituales sus formas hipocorísticas: Bill, Billy, Will, Willie, Willy.
William Faulkner, novelista estadonidense (1897-1962). William Hurt, actor de cine
estadounidense (1950). Bill Clinton, presidente de Estados Unidos (1946). Billy
Wilder, cineasta estadounidense de origen austríaco (1906). Bill Gates, magnate de la
informática estadounidense (1955).

Wim *S/on.*
Forma hipocorística alemana de *Wilhelm*, Guillermo.
Wim Wenders, director cinematográfico alemán (1945).

Winston *S/on.*
Apellido convertido en nombre. Deriva de la antigua voz anglosajona
wins, 'trabajador en la granja', seguido de *ton*, 'población, poblado'.
Winston Churchill, estadista y escritor británico (1874-1965).

Witardo   *S/on.*
Del germánico *wit-hard*; significa 'duro como la madera'.
Variantes: Guitardo; *cat.* Witard, Guitart; *al.* Wito.

Wolfango   *On. 31-10*
Nombre germánico, compuesto posiblemente de las voces *wulf,* 'lobo',
'guerrero', *fil,* 'lleno total', e *ingas,* nombre de un pueblo, los anglios.
La etimología popular, no obstante, ve en él un significado literal:
wulf-gang, que significa 'paso del lobo'.
Variantes: *cat.* Wolfang; *al.* Wolfgang.
Wolfgang Amadeus Mozart, compositor austríaco, genio de la música (1756-1791).
Johann Wolfgang Goethe, escritor alemán, considerado el autor canónico de su pa-
ís (1749-1832). **Wolfgang Pauli,** físico suizo de origen austríaco, obtuvo en 1945 el
premio Nobel de Física (1900-1958).

Xan *On. como Juan*
Forma hipocorística gallega de Juan.

Xavier *On. como Javier*
Grafía arcaica de Javier (con el sonido de jota, como en México), coincidente con las actuales formas catalana y eusquera.
Variantes: Xavi (hip.); *eus*. Xabier.
Xabier Zubiri, filósofo español, discípulo dilecto de Ortega y Gasset (1898-1983).
Xavier Cugat, compositor y director de orquesta español (1900-1990).

Xesco *On. como Francisco*
Forma hipocorística de Francisco, usada especialmente en Cataluña.
Variantes: *cat*. Xesc, Cesc.
Xesco Boig, cantante catalán (1946-1984).

Xian *On. como Julián*
Forma gallega de Julián.

Ximeno *On. como Jimeno*
Grafía antigua de Jimeno, corriente en la Edad Media.

Xurxo *On. como Jorge*
Variante gallega de Jorge.

Y

Yago *On. 3-5*
Durante la Edad Media, el patriarca bíblico Jacob o *Yahacob*, fundador del pueblo de Israel y representante del hombre justo guiado por la sabiduría, se conocía en España como Yago, por sonorización de la oclusiva. Suele interpretarse como 'el que anda a la sombra de Dios'.
Variantes: Yagüe (ant. hoy sólo vigente como apellido); *cat. gall. it.* Iago.
Yago Lamela, atleta español, plusmarquista de salto de longitud (1977).

Yeray *S/on.*
Adjetivo guanche, usado como antropónimo. Significa 'el grande'.

Yukio *S/on.*
Nombre japonés, que significa 'niño de las nieves'; también se ha interpretado como 'el que sigue su propio camino'.
Yukio Mishima, escritor japonés (1925-1970).

Yuri *On. como Jorge*
Forma rusa de Jorge.
Yuri Gagarin, aviador soviético, el primer cosmonauta de la historia (1934-1968).

Yusuf *On. com Josep*
Forma árabe de José, por el hebreo *Yosef.* Significa 'el elegido'.
Abderramán I (Yusuf ibn Abd al-Rahman al-Fihri), guerrero y emir cordobés (†759).

Z

Zacarías *On. 5-11*
Del hebreo *Zejaryah*, 'Dios se acuerda'. De una abreviatura del antropónimo *Zakkay* pudo formarse el también popular Zaqueo. Es un nombre portado por numerosos patriarcas bíblicos.
Variantes: *cat*. Zacaries; *eus*. Zakari: *fr*. Zacharie; *ing*. Zachariah, Zachary (hip. Zacky); *al*. Zacharias; *it*. Zaccaria; *sueco*, Sakarias.
Zachary Taylor, político estadounidense, presidente de su país (1784-1850).

Zafir *S/on.*
Nombre árabe. Significa 'el que mantiene la paz'; o también, 'gracioso'.

Zaqueo *On. 20-4*
Derivación del hebreo *Zakkai*, por *zakah*, verbo que significa 'ser puro'. Se interpreta como 'el inocente', 'el inmaculado'.
Variantes: *it*. Zaccheo; *ing*. Zaccheus, Zacchaeus.

Zeferino *On. 22-8*
Del latín *Zeferinus*, gentilicio del zéfiro o céfiro, viento de poniente.
Variantes: *cat*. Zeferí; *eus*. Tsepirin, Kollerin; *it*. Zefirino, Zeffirino.

Zenobio *On. 20-2*
Nombre de origen griego *Zenóbios*, significa 'el que recibe vida de Zeus' (de *Zen*, 'Zeus', y *bios*, 'vida').
Variante: *cat*. Zenobi.